SUBETE NO SHIGOTO WO KAMI 1MAI NI MATOMETESHIMAU SEIRIJUTSU
Copyright © MASAHUMI TAKAHASHI 2011
All rights reserved.

Originally published in Japan in 2011 by CrossMedia Publishing
Korean Translation Copyright © 2012 Gimm-Young Publishers, Inc.
Korean translation rights arranged through TOHAN CORPORATION, TOKYO and BC Agency, SEOUL.

ONE PAGE 정리 기술

저자_다카하시 마사후미
역자_김정환

1판 1쇄 발행_2012. 9. 27
1판 9쇄 발행_2022. 4. 26

발행처_김영사
발행인_고세규

등록번호_ 제406-2003-036호
등록일자_ 1979. 5. 17

경기도 파주시 문발로 197(문발동) 우편번호 10881
마케팅부 031)955-3100, 편집부 031)955-3200, 팩스 031)955-3111

이 책의 한국어판 저작권은 비씨 에이전시를 통한 저작권자와의
독점계약으로 김영사에 있습니다. 저작권법에 의해 한국 내에서
보호를 받는 저작물이므로 무단전재와 복제를 금합니다.

값은 뒤표지에 있습니다.
ISBN 978-89-349-5884-0 13320

홈페이지_ www.gimmyoung.com   블로그_ blog.naver.com/gybook
인스타그램_ instagram.com/gimmyoung   이메일_ bestbook@gimmyoung.com

좋은 독자가 좋은 책을 만듭니다.
김영사는 독자 여러분의 의견에 항상 귀 기울이고 있습니다.

ONE PAGE 정리 기술

인생도
업무도
딱!
한 장으로
정리하라

다카하시 마사후미
김정환 옮김

김영사

필요한 도구는
오직 종이 한 장뿐이다

여러분은 정리를 잘하는가, 잘 못하는가? '정리한다'는 말에는 여러 가지 의미가 있다.

- 책상 위나 방이 어수선하게 흐트러져 있는 것을 정리 정돈한다.
- 머릿속의 생각이나 아이디어를 정연하게 하나로 모은다.
- 정보를 능숙하게 처리해 정보 습득의 효율을 높인다.
- 책에서 읽은 내용이나 공부한 것을 정보로 활용한다.
- 요점을 파악해 다른 사람에게 알기 쉽게 전한다.

업무, 공부, 사적인 취미나 일상생활 등 정리를 해야 하는 상황은 어디에나 존재한다. 이 책에서는 그런 다양한 의미의 정리를 종이 한 장으로 가능케 하는 방법을 소개한다.

지금 '뭐? 그게 무슨 말이야?'라고 생각할지도 모른다.

설명하면 이렇다. 예를 들어 이 책을 읽고 있는 여러분 중에는 이런 고민을 가진 사람이 있을 것이다.
- "무슨 말을 하는지 잘 모르겠어"라는 말을 자주 듣거나 스스로 그 점을 자각하고 있다.
- 업무 자료를 만드는 데 시간이 항상 오래 걸리고 자꾸 분량이 방대해진다.
- 사물을 논리적으로 생각하는 데 서툴다.

이를 해결하고자 정리 기술이나 정리 방법, 논리적 사고 등을 알려주는 책을 읽어본 사람도 있을 것이다. 혹은 세미나에 가서 직접 강사에게 배운 적이 있을지도 모른다. 그러나 그런 것들을 배우고 '세상에, 이런 획기적인 방법이 있었다니!'라고 생각하며 시험해봤지만 "결국 작심삼일이었다", "성과가 없었다"라는 이야기를 종종 듣는다.

도대체 왜 그럴까?

그것은 애초에 근본적인 정리 방법, 즉 사물을 단순하게 정리하는 법이 몸에 배어 있지 않은 탓이다. 기초가 다져져 있지 않은데 테크닉부터 배워서 일을 처리하려 하면 반드시 무리가 따른다. 그래서 자신의 업무에 기술을 응용하지 못하며, 결국 정리하는 걸 포기하고 마는 것이다.

기술은 업무 속에서 매일 실천할 때 비로소 피가 되고 살이 된다. 요컨대 현실에 '재현'할 수 없는 기술은 아무런 도움도 되지 못한다.

그래서 이 책에서는 여러분이 매일 쉽게 실천할 수 있는 최대한 단순하고 효과적인 방법, 즉 정리의 포맷을 준비했다.

그 포맷에 필요한 도구는 오직 종이 한 장뿐이다.

도요타에서는 직원들에게 모든 자료를 철저히 종이 한 장에 정리하도록 요구한다. 왜 그럴까? 기획이나 자료, 보고서 등은 정확한 핵심만을 압축하고 요점을 간추리면 반드시 간결하게 정리할 수 있기 때문이다. 그렇게 하지 못한다는 것은 정리에 관한 '사고력'과 '응용력', '효율화 능력'이 부족하다는 의미이다. 요컨대 도요타에서 직원들에게 자료를 종이 한 장에 정리하도록 요구하는 이유는 정리하는 힘이 직원들의 종합적인 '업무 능력'을 향상시키는 기반이기 때문이다.

이 책에서도 반드시 종이 한 장에 정리한다는 철칙을 고수한다.

업무를 종이 한 장에 정리하는 습관을 들이면 사물을 정리하기 위한 사고력과 응용력, 효율화 능력을 키울 수 있으며, 여러분의 업무도 단순하고 알기 쉬워질 것이다.

예를 들어 상사가 여러분에게 다음과 같은 지시를 했다고 가정하자.

"3분 뒤에 새로운 기획안을 제출하게."

"이 800페이지짜리 자료를 요약해서 1시간 뒤에 보고하게. 보고 시간은 3분이네."

"내일 회의 때까지 판촉 아이디어를 100개 만들어 오게."

여러분이라면 어떻게 하겠는가?

이 책에서 소개하는 포맷을 따르기만 하면 이런 터무니없는 지시에도 "네, 이 한 장에 정리했습니다"라고 말할 수 있다.

바로 다음의 일곱 가지 포맷이다.

포맷 1: 3분이면 아무리 어려운 문제도 정리할 수 있다.
　　　　사고력과 가설을 세우는 능력을 키우는 'S쪽지'
포맷 2: 출퇴근 시간 등 자투리 시간에 완성한다.
　　　　프레젠테이션 자료를 만드는 '16분할 메모'
포맷 3: 15분에 책 한 권의 내용을 정리한다. '킬러 리딩'
포맷 4: 아무리 방대한 자료도 한눈에 볼 수 있다. '한 장 인수인계 맵'
포맷 5: 회의 시간을 절반으로 줄인다. '매핑 커뮤니케이션'
포맷 6: 기획서나 보고서가 논리적으로 변신한다. '1·2·3맵'
포맷 7: 설득력 있는 프레젠테이션을 할 수 있다.
　　　　'이야기 프레젠테이션'

앞에서도 말했듯이 이 책의 특징은 종이 한 장만 있으면 이 포맷을 모두 실천할 수 있다는 점이다. 먼저 제0장에서는 '정리'의 정의에 대해 다시 설명하고 제1장부터 제7장에 걸쳐 각 포맷의 사용법을 소개할 계획이다.

이 책을 끝까지 읽고 나면
· 사물의 본질을 꿰뚫어보는 간결한 사고방식을 익힐 수 있다.
· 무엇이든 다른 사람에게 간단하고, 알기 쉽게 전할 수 있다.
· 과감하게 버릴 수 있으며, 주변도 쉽게 정리 정돈할 수 있다.

그러면
· 업무의 효과와 효율이 높아진다.
· 성과가 오르며 평가도 높아진다.
· 의욕이 점점 상승한다.

이런 멋진 사이클을 만들 수 있다. 도대체 어떤 방법이기에 가능할까? 지금부터 시작해보자.

차례

필요한 도구는 오직 종이 한 장 뿐이다 • 4

제0장 ONE PAGE 정리의 의미
정리란 복잡한 것을 단순하게 만드는 것이다 • 17
ONE PAGE 정리를 위한 일곱 가지 포맷 • 23

제1장 사고력과 가설 능력을 키우는 S쪽지
논점을 정리하면 어떤 문제도 순식간에 해결된다 • 29
S쪽지로 업무 설계도를 그린다 • 33
쪽지 한 장으로 업무가 얼마나 효율화될까? • 39

제2장 효율을 극대화하는 16분할 메모
단순한 메모장이 강력한 데이터베이스로 변한다 • 47
16분할 메모를 만드는 법 • 56
칼럼 메모에서 탄생한 베스트셀러 • 65

제3장 책 한 권을 15분에, 킬러 리딩

책 60권을 사흘 만에 독파하다 • 69

킬러 리딩의 4단계 • 73

킬러 리딩의 예《피터 드러커의 자기경영노트》• 79

정보를 구조적으로 읽는다 • 85

제4장 누구라도 한 번에 이해하는 한 장 인수인계 맵

필요 없는 것을 파악하는 정리 목록 • 95

10분이면 누구나 이해하는 한 장 인수인계 맵 • 101

한 장 인수인계 맵 만들기 • 104

마인드맵 소프트웨어를 사용하자 • 107

제5장 회의 시간을 확 줄이는 매핑 커뮤니케이션

지도가 있으면 토론이 핵심을 벗어나지 않는다 • 113

매핑 회의의 진행 • 118

왜 맵이 필요한가? • 130

제6장 정리와 전달의 달인이 되는 세 가지 포맷

도요타식 커뮤니케이션 '지금 여기에서 설명하라!' • 137

논리적 전달을 위한 세 가지 포맷 • 140

복잡한 것도 쉽게 전달하는 방법 1·2·3매핑 • 143

제7장 사람을 움직이는 이야기 프레젠테이션

스토리가 있으면 설득력이 생긴다 • 153

이야기 프레젠테이션의 다섯 가지 포인트 • 155

스토리는 3막으로 구성된다 • 158

오프닝과 엔딩, 무엇이 어떻게 되었는가를 정한다 • 160

제1막 세 가지 요소로 상대를 사로잡는다 • 162

제2막 세 개의 계단을 준비한다 • 166

좋은 프레젠테이션은 한마디로 정리된다 • 170

스토리는 S쪽지로 만든다 • 172

사례1 리조트 호텔의 신규 사업 • 176

사례2 리조트 호텔 재건 계획 • 183

업무도, 인생도 단순해지면 쉽다 • 186

ONE PAGE 정리의 기술
가장 단순하고 효과적인 7가지 포맷

★ 사고력과 가설 능력을 극대화한다! S쪽지

★ 새롭고 신속하게 정보를 조합한다! 16분할 메모

★ 필요한 정보를 15분 안에 추출한다! 킬러 리딩

★ 10분이면 누구나 이해한다! 한 장 인수인계 맵

★ 불필요한 회의를 확 줄인다! 매핑 커뮤니케이션

★ 정리에서 전달까지 논리의 달인이 된다! 1·2·3맵

★ 스토리가 사람을 움직인다! 이야기 프레젠테이션

제0장

ONE PAGE 정리의 의미

본론으로 들어가기에 앞서
이 책의 주제인 '정리'에 대해 설명하려고 한다.
여기에서 설명하는 정리의 4원칙만 알아두면
이 책의 내용을 더욱 쉽게 이해할 수 있다.

"단순함은 궁극의 세련됨이다."
_ 레오나르도 다빈치

정리란
복잡한 것을
단순하게 만드는 것이다

정리整理란 무엇일까? 한마디로 요약하면 '복잡한 것을 단순하게 만드는' 것이다. 이것이 정리의 본질이다. 복잡했던 것이 단순해지면 일의 흐름이 원활해진다. 일의 흐름이 원활해지면 여러분의 생각과 업무도 점점 단순해진다.

| 단순하게 만드는 것=가장 중요한 기능이 무엇인지 꿰뚫어보는 것 |

그렇다면 단순하게 만든다는 것은 무엇일까?
《단순함의 법칙THE LAWS OF Simplicity》의 저자인 존 마에다John Maeda는 이렇게 말했다.

"단순하게 만드는 가장 간단한 방법은 기능을 줄이는 것이다."

그 좋은 예가 애플의 아이팟 iPod이다.

음악 플레이어에는 여러 가지 기능이 있다. 그러나 애플은 단순함을 위해 사용자에게 가장 중요한 기능인 '재생'에 초점을 맞췄다. 그래서 '재생의 편리함'을 추구하며 재생 단추를 더욱 단순한 디자인으로 진화시켜왔다.

단순하게 만든다는 것은 요컨대 '가장 중요한 것', 즉 정말로 필요한 기능 한 가지로 압축하는 것이다. 가장 중요한 기능을 꿰뚫어볼 수 있는 능력이야말로 정리의 핵심이다.

그러면 어떻게 복잡한 것을 단순하게 정리해나가는지 자세히 알아보자.

| 다이아몬드의 4C |

'다이아몬드의 4C'라는 말을 들어본 적이 있는가? 4C는 다이아몬드의 가치를 재는 기준이다.

아래의 목록을 보자.

- Clarity(투명도)
- Color(색의 차이)

- Carat(무게)
- Cut(다이아몬드의 형태나 연마 등의 마감)

4C는 위 네 가지의 머리글자를 딴 것으로 투명하고 색이 선명하며, 중량이 무겁고 정교하게 연마된 다이아몬드일수록 가치가 높다.

사실은 '정리'도 4C와 같은 조건으로 생각할 수 있다.

좀 더 자세히 살펴보자.

다이아몬드의 4C

C larity : 투명도

C olor : 색의 차이

C arat : 무게

C ut : 다이아몬드의 형태나 연마 등의 마감

| 가설·예상을 세운다 |

Clarity는 투명도, 명료함을 뜻한다. 정리를 할 때는 명료하고 깔끔하게 만드는 것이 중요하다. 정리가 되어 있지 않은 상태란 머릿속이 뒤죽박죽되어 깔끔하지 않은 것을 가리킨다. 예를 들어 여러분이 맡은 업무에서 문제가 생겨 조금도 진전이 없다고 생각해보자. 무엇을 어떻게 해야 문제가 해결될지 알 수가 없다.

이것은 '가설' 또는 '예상'이 모호한 상태이다. 투명도는 달리 말해 사물의 '가설·예상'이다. 이것을 세울 수 있느냐 없느냐가 정리를 할 수 있느냐 없느냐의 분수령이 된다.

| 분류한다 |

Color는 차이를 알 수 있게 한다. 예를 들어 눈앞에 사과가 두 개 있다고 하자. 하나는 빨간색, 다른 하나는 파란색이면, 색으로 두 사과의 차이를 식별할 수 있다. 정리가 되어 있지 않다는 말은 이 분별·식별이 불가능한 상태라는 의미이다.

눈앞의 문제 또는 과제를 '분류하는' 것이 정리의 제2단계이다.

| 중요도를 결정한다 |

Carat은 중량, 즉 무거운가 가벼운가인데, 이것을 사물의 중요도로 치환해 생각해보자. 무거울수록 가치가 있으며 우선해야 하는 일이다.

반대로 가벼울수록 뒤로 미뤄도 되며 일의 흐름에 크게 상관없는 일이라고 할 수 있다.

정리를 잘하는 사람은 일의 중요도를 쉽게 결정할 수 있다.

줄인다·버린다

마지막은 Cut인데, 이것은 원석을 깎아서 예쁘게 다듬는 작업이다. 그리고 깎는다는 것은 '불필요한 부분을 버리는' 일이기도 하다. 요컨대 앞에서 결정한 중요도에 따라, 중요도가 높은 일은 남기고 낮은 일은 줄이거나 버리는 과정이다. 이것이 정리의 최종 단계이다.

'이것도 중요하고 저것도 중요한데……'라며 전부 끌어안고 있다면 이는 정리를 하지 못하고 있다는 뜻이다.

일단 이 네 과정을 효과적으로 순환시키면 아무리 복잡한 것도 단순하게 만들 수 있다.

요컨대

① 가설을 세우고

② 사물을 범주별로 나눈 다음

③ 각각의 중요도를 결정하고

④ 마지막으로 필요 없는 것을 버린다

이것만 할 수 있으면 그 대상이 무엇이든 정리할 수 있다.

이 기본 개념을 알면 앞으로 설명하는 정리의 포맷을 쉽게 이해하고 더욱 효과적으로 활용할 수 있다.

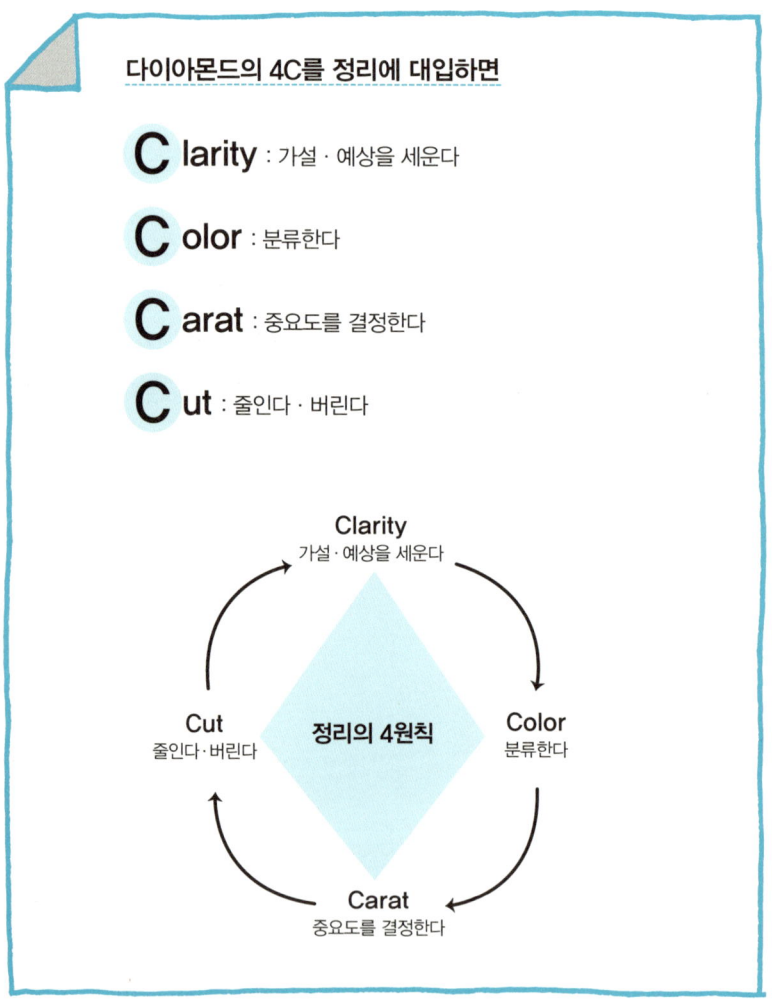

ONE PAGE 정리를 위한 일곱 가지 포맷

그러면 이제 단 한 장으로 정리하기 위한 포맷을 살펴보자. 이 책에서 사용하는 포맷은 다음 일곱 가지이다.

① 문제, 과제의 요점을 3분 안에 정리하는 **S쪽지**

② 자투리 시간에 자료를 만드는 **16분할 메모**

③ 필요한 정보를 15분 안에 추출하는 **킬러 리딩**

④ 누구라도 한번에 업무를 이해하는 **한 장 인수인계 맵**

⑤ 회의의 효율을 높이는 **매핑 커뮤니케이션**

⑥ 논리적인 보고서, 기획서를 만드는 **1·2·3맵**

이 책에서 소개하는 일곱 가지 포맷

제1장	S쪽지	
제2장	16분할 메모	
제3장	킬러 리딩	
제4장	한 장 인수인계 맵	
제5장	매핑 커뮤니케이션	
제6장	1·2·3맵	
제7장	이야기 프레젠테이션	

⑦ 설득력 있는 발표·보고를 위한 **이야기 프레젠테이션**

   이를 위해 필요한 도구는 종이 한 장뿐이다. 쪽지 한 장, A4 용지나 A3 용지 한 장, 메모지 한 장 등 단순하고 사용하기 편한 것들이다.
   영업, 회의나 미팅, 프레젠테이션, 자료 작성, 공부, 기획, 기타 사무 등 온갖 업무를 ONE PAGE로 정리하는 기술. 구체적으로 살펴보자.

제1장
사고력과 가설 능력을 키우는 S쪽지

기획서, 파워포인트, 보고서 등을 만들 때
가장 먼저 생각해야 할 것은 설계도이다.
여기에서 소개하는 'S쪽지'는 여러분이 맡은 업무의
설계도가 되며, 사고력과 가설 능력을 높여주는
만능 도구이다.

"목적을 발견하라. 그러면 수단은 저절로 따라온다."
_ 마하트마 간디

논점을 정리하면
어떤 문제도
순식간에 해결된다

| 마법의 종이 한 장 |

새벽 2시. 어느 빌딩에 있는 컨설팅 회사. 나는 클라이언트에게 제출할 제안서를 꼬박 이틀에 걸쳐 작성하고 있었다. 마감 시간은 오전 10시. 마감까지 8시간밖에 남지 않은 급박한 상황에서 컴퓨터 앞에 앉아 프레젠테이션 자료와 씨름을 하고 있지만 자료는 아직 완성되지 않은 상태였다.

항복!

나는 "죄송합니다. 도저히 더는 못 하겠습니다"라고 상사에게 우는 소리를 했다. 그러자 상사는 "그러니까 내가 컴퓨터 앞에 앉지 말라고 했지!"라며 핀잔을 주었다. 그러고는 종이를 한 장 꺼내 "자, 이걸 봐. 한가운데에 적어 넣을 과제는 이거겠지? 그렇다는 말은······"이라고 설명하면서 종이 위에 생각을 정리해나갔다.

"자, 생각해보자. 이 프레젠테이션에서 가장 중요한 논점이 뭐지?
클라이언트에게 가장 중요한 가치가 있는 논점은 이거겠지? 그렇다면 한가운데에 적어 넣을 메시지는 이거야.
그러면 대충 이런 흐름의 이야기가 되지 않을까? 이것을 뼈대로 삼고, 다음에 할 일은 이를 뒷받침할 자료를 찾아서 살을 붙이는 거야.
이야기는 이런 식으로 크게 A, B, C로 나눌 수 있겠지?
다음에는 무엇이 중요한 소재인지 생각해보자. 그러면 이 소재와 이 소재는 절대 뺄 수 없다는 걸 알 수 있어. 나머지 소재는 대부분 없어도 그만이지. 필요 없는 건 전부 버리면 돼."

그러자 내가 이틀 넘게 씨름하던 내용이 불과 15분 만에 종이 한 장에 깔끔하게 정리되는 것이 아닌가? 그리고 그 종이를 바탕으로 프레젠테이션 자료를 만들기 시작하자 문서를 완성하는 데 한 시간도 걸리지 않았다.

가설을 세우면 업무 처리가 빨라진다

이 상사는 무엇을 했는가?

문제에 대한 가설을 세우고, 그 가설에 따라 소재를 나누었으며, 중요한 소재를 찾아내고, 어떤 소재를 버릴지 결정했다.

이 단계를 거치자 무엇을 어떻게 해야 할지 알 수 없던, 앞이 캄캄하던 상태에서 단숨에 빠져나올 수 있었다.

이 과정을 '가설 사고'라고도 부른다. 가설 사고는 먼저 가설(임시 결론)을 세우고 그 임시 결론을 향해 최단 경로로 움직이며 업무의 성과를 올리는 것이다. 앞에서 내가 만들던 프레젠테이션이 영화의 본편이라면 상사가 한 작업은 '예고편' 제작이었다.

예를 들어 여러분이 프레젠테이션 자료를 만들 때 요점을 정리하기 전에 먼저 컴퓨터 앞에 앉으면 당시의 나처럼 출구가 보이지 않는 터널로 들어가고 만다. 그런데 예고편이 있으면 이야기의 큰 줄기가 보이므로 여기에 필요한 살을 붙이기만 해도 손쉽게 자료를 만들 수 있다.

요컨대 가설을 세우는 것이 중요하다.

가설을 세우지 않으면 과제를 범주별로 분류할 수도, 중요도를 결정할 수도, 필요 없는 것을 버릴 수도 없다.

앞 장에서 설명했듯이 가설을 세운다는 것은 예상을 한다는 의미이다. 문제나 과제를 정리하려 해도 어느 방향으로 나갈지 출구를 모른다면 정리를 할 방법이 없다.

S쪽지를 사용해 논점을 꿰뚫어본다

그런 의미에서 처음으로 소개할 정리 포맷은 'S쪽지'이다.
이것은 지금 이야기한 가설을 세우기 위한 방법으로, 어떤 일을 하더라도 가장 첫 단계에서 사용해야 할 도구이다.

S쪽지로
업무 설계도를
그린다

S쪽지는 이름 그대로 쪽지를 사용하는 방법이다. S쪽지의 포맷은 34페이지 그림과 같다. 쪽지를 다섯 요소로 나누어 적어 넣으며 과제나 문제의 요점을 정리할 수 있다. 다섯 개의 그림 밑에 각각 글을 적어 넣을 공간이 있는 단순한 쪽지이다. 각 그림은 왼쪽부터 '누구의?', '무엇이?', '어떻게 해서?', '어떻게 되었는가?', '그러니까 결국 하고 싶은 말은 무엇인가?'라는 다섯 요소를 의미한다.

업무를 시작하기 전에 먼저 S쪽지의 다섯 공간을 채우자.

다섯 요소에는 각각 다음과 같이 내용을 기입한다.

S쪽지의 다섯 가지 요소

누구의?
고객이나 타깃이 되는 대상을 기입한다. 요컨대 '누구를 위해' 기획을 하고 문제를 해결하는지, 그 대상자의 모습을 명확히 밝히고 적어 넣는다.

무엇이?
그 대상자의 현재 상황을 기입한다. 현재 상황이란 '고객이 지금 안고 있는 고민', '고객이 겪고 있는 어려움', '고객이 이렇게 되었으면 하고 바라는 것' 등이다. 이와 같이 현재 고객의 충족되지 않은 니즈를 적어 넣는다.

어떻게 해서?
고객의 충족되지 않은 무엇인가를 어떻게 해결해나갈지 그 해결책을 적어 넣는다.

어떻게 되었는가?
해결책을 실행하면 어떤 미래가 기다릴지, 어떤 결과가 나올지 이상적인 미래의 모습을 적어 넣는다.

그러니까 결국 하고 싶은 말은 무엇인가?
위의 요소들을 바탕으로 '요컨대 결론은 무엇인가'를 명확히 한다. 이번 제안의 콘셉트와 메시지가 무엇인지 적어 넣는다.

- 누구의?

A씨, B사, 특정 계급이나 특정 연령대의 남녀 등 타깃이 되는 대상을 구체적으로 기입한다.

'누구를 위해' 이 기획을 하고 문제를 해결하며 보고하는지, 그 대상자의 모습을 명확히 밝힌다.

- 무엇이?

대상자의 현재 상황을 기입한다. 즉 현재 상대방의 충족되지 않은 니즈를 적어 넣는다.

- 상대방이 지금 어떤 고민을 안고 있는가?
- 상대방이 어려움을 겪고 있는 부분은 무엇인가?
- 상대방이 이렇게 되었으면 하고 바라는 것은 무엇인가?

- 어떻게 해서?

상대방의 충족되지 않은 무엇인가를 어떻게 해결해나갈지 그 해결책을 적어 넣는다.

- 어떻게 되었는가?

지금 생각하고 있는 가설에 따라 해결책을 실행한 결과 어떤 미래가 기다릴지, 그 해결책을 통해 어떤 결과가 나오기를 원하는지 이상적인 미래의 모습을 적어 넣는다.

- 그러니까 결국 하고 싶은 말은 무엇인가?

위의 요소들을 바탕으로 '요컨대 이 기획의 핵심, 결론은 무엇인가'를 명확히 설명한다. 이번 제안의 콘셉트와 메시지는 무엇인지 단순하게 적어 넣는다.

| S쪽지의 S는 무엇을 의미하는가 |

이상이 S쪽지를 구성하는 요소이다.
'겨우 이게 다야?'라고 생각할지 모르지만, S쪽지를 채우면 세 가지 'S'가 보인다. 그 세 가지는 아래와 같다.

- Solution (해결 방법)
- Story (이야기)
- Simple (단순화)

다섯 요소를 미리 기입해놓으면 고객의 문제가 어떻게 해결Solution되어 어떤 이상적인 미래가 찾아올지 간단하지만 일련의 이야기Story가 그려진다. 그리고 지금부터 문제 해결 단계까지 전체적인 업무의

S쪽지의 포맷

제목: 다이어트를 하고 싶은 사람을 위한 입욕제				날짜:
누구의?	무엇이?	어떻게 해서?	어떻게 되었는가?	요점은?
👤	?	→	💡	!

S의 세 가지 의미

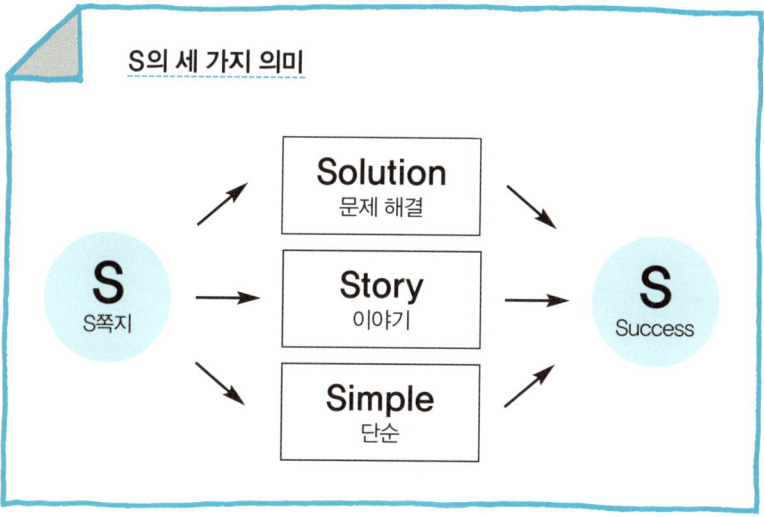

흐름이 보이고 필요한 요소와 과정도 단순Simple하게 정리할 수 있다.

 이런 식으로 S쪽지를 사용해 업무를 처리하다 보면 결과적으로 모든 일을 성공Success으로 이끌 수 있다.

쪽지 한 장으로
업무가
얼마나 효율화될까?

지금까지의 설명으로 대략적인 개요는 파악했으리라 믿는다. 그렇다면 S쪽지를 어떻게 응용해나가야 할까? 구체적인 예를 살펴보자.

| 신입사원 연수를 기획한다 |

예를 들어 여러분이 인사부에 속하여 연수 기획을 담당한다고 가정하자. 여러분은 올해 신입사원의 연수를 기획하게 되었다.

갑자기 신입사원 연수를 기획하라는 지시를 받는다면 당황스럽겠지만, 다음의 예처럼 S쪽지를 사용하면 한눈에 알 수 있다.

- 올해의 신입사원에게는 어떤 특징이 있고
- 가장 강화하고 싶은 점은 무엇이며
- 어떤 연수를 실시해
- 그 결과 어떻게 될 것인가?
- 올해 신입사원 연수의 콘셉트를 한마디로 말하면 무엇인가?

이렇게 하면 '신입사원 연수'라는 대략적인 주제만 가지고도 그와 관련된 문제의 해결 과정이 일련의 이야기로 펼쳐진다. 이후에는 앞

S쪽지 기입 예 1

주제: 1년차 신입사원 연수 기획

누구의?	무엇이?	어떻게 해서?	어떻게 되었는가?	요점은?
1년 차 신입사원의 특징 • 지시를 기다림 • 정보 과잉 • 논리가 빈약함	두 개의 벽 • '안다고 생각하는' 벽 • '정보 전달이 서툴다는' 벽	• 두 개의 벽을 자각 • 그 벽을 넘기 위한 방법 (ONE PAGE 정리 기술)을 익히고 • 실천할 수 있게 된다	수많은 정보에 휘둘리지 않고 중요한 것을 파악해 ONE PAGE로 정리할 수 있다	콘셉트 4배속 IO 사원 Input Output

으로 어떤 준비와 과정으로 업무를 추진해야 할지 금방 알 수 있다.

상품을 기획한다

생활 건강 제품을 개발하는 부서라면 이런 예도 생각해볼 수 있다. 신상품으로 다이어트를 하고 싶은 사람을 위한 입욕제를 기획하게 되었다. 여러분의 손에는 국제 특허를 받은 허브 64종류의 블렌딩 방법에 관한 자료가 있다. 이 기술을 응용하여 어떤 상품을 기획할 수 있을까? 이번에는 좀 더 구체적으로 살펴보자.

- 누구의?

　날씬해지고 싶어 하는 20~30대의 직장 여성.

- 무엇이?

　살을 빼고 싶지만 살이 잘 빠지지 않는다. 다이어트에 효과가 있다는 차도 마시고 그 밖의 여러 가지 다이어트법을 실천해봤지만 살이 빠지는 것 같지 않다는 고민.

- 어떻게 해서?

　욕조에 몸을 담그기만 해도 금방 살이 빠져 다이어트 고민이 해소된다. 비밀은 허브 64종류를 블렌딩한 국제 특허 입욕제.

- 어떻게 되었는가?

  100의 체험단을 운영한 결과, 2주 동안 평균 2킬로그램이 빠졌다.

- 요점은 무엇인가?

  국제 특허를 받은 허브 64종류를 블렌딩한 입욕제를 사용하면 욕조에 몸을 담그기만 해도 살이 빠진다.

S쪽지 기입 예 2

주제: 다이어트를 하고 싶은 사람을 위한 입욕제

누구의?	무엇이?	어떻게 해서?	어떻게 되었는가?	요점은?
날씬해지고 싶어 하는 20~30대의 직장 여성	살이 잘 빠지지 않는다. 다이어트에 효과가 있다는 차도 마시고 그 밖의 여러 다이어트법을 실천해봤지만 살이 잘 빠지지 않는다는 고민	욕조에 몸을 담그기만 해도 금방 살이 빠져 그 고민이 해소된다. 비밀은 허브 64종류를 블렌딩한 국제 특허 입욕제	2주간 100명 체험단을 운영한 결과, 평균 2킬로그램이 빠졌다!	국제 특허를 받은 허브 64종류를 블렌딩한 입욕제를 사용하면 욕조에 몸을 담그기만 해도 살이 빠진다!

일단 3분 정도 투자해서 여기까지 도달한다면 기획의 가설로서는 충분하다. 가설은 어디까지나 '임시 결론'이므로 나중에 수정해도 상관없다. 그리고 수정할 때도 S쪽지를 사용하면 다섯 요소 중 어떤 가설에 오류가 있는지 정확히 짚어내 검증·수정할 수 있다.

앞에서 '가설'은 영화의 예고편이라고 했다. 극장에서 예고편을 보면 어떤 영화인지 대충 짐작이 간다. 마찬가지로 S쪽지를 준비하면 자신이 과제나 문제를 어떻게 해결하려 하는지 1분 안에 설명할 수 있다.

S쪽지로 분석한다

S쪽지는 가설을 세우는 용도뿐만 아니라 분석 도구로도 사용할 수 있다. 가령 여러분의 관심을 끄는 히트 상품이 있어서 그 상품이 잘 팔린 이유를 분석하고 싶다고 가정하자. 이때도 S쪽지를 사용해보기 바란다. 개인적인 취향이나 기호를 벗어나 객관적인 시각에서 접근할 수 있으므로 그 전까지 깨닫지 못했던 새로운 관점을 발견할 수 있다.

제2장
효율을 극대화하는 16분할 메모

여러분은 메모가 필요할 때 어떤 도구를 이용하는가?
이 장에서 소개할 것은 포스트잇보다 두 배 빠르게 기입하고,
활용과 보존·검색에서도 우월한 최고의 메모 방법이다.
바로 메모광인 내가 찾아낸
'16분할 메모' 법이다.

"어려운 문제는 분할하라."
_데카르트

단순한 메모장이
강력한
데이터베이스로 변한다

앞 장에서 가설을 세우기 편리한 S쪽지의 방법론을 살펴봤다. 적당한 가설을 세운 뒤에는 그 가설을 뒷받침하거나 거기에 살을 붙이기 위한 정보가 필요하다. 이 장에서 소개하는 '16분할 메모'는 여기에 안성맞춤인 도구이다.

각종 메모 도구의 장점만 뽑아서 만든 16분할 메모

먼저 메모장을 준비한다.

16분할 메모는 한마디로 말하면 메모장의 펼쳐진 두 페이지를 16칸으로 분할해 정리하는 단순한 방법이다. 메모광인 나는 지금까지 여러 방법의 메모를 시도해봤는데, 어떤 방법이든 메모지가 없어진다거나 활용하지 못하거나 막상 필요할 때 찾을 수가 없는 등 제각각 단점이 있었다. 그래서 어떻게 해야 그 단점들을 해결할 수 있을까 생각하며 이런저런 시도를 한 끝에 고안한 방법이 메모지를 16칸으로 분할하는 것이었다.

그렇다면 이 방법에는 어떤 특징이 있을까?

16분할 메모는 아래의 장점을 결합한 결과 탄생했다.

① 없어지거나 활용하지 못하거나 필요할 때 찾을 수 없는 메모의 문제점 해소
② '블록 하나에 정보 하나', '신속한 아이디어 도출', '정보의 조합'이라는 포스트잇의 장점
③ 노트의 '일람성', '작업 편이성', '한 장'이라는 장점

요컨대 메모장의 '기동성'과 포스트잇의 '블록 단위의 메모 기능', 노트가 가진 '작업 편이성' 등 장점만을 모은 메모 방법이다.

그러면 16분할 메모법과 이를 활용하는 법을 자세히 살펴보자.

16분할 메모의 포맷은 49페이지의 그림과 같다.

16분할 메모의 포맷

| 메모장을 펼친 두 페이지에 주제 하나가 원칙 |

16분할 메모는 두 페이지를 펼쳐 사용하는데, 이 두 페이지에 주제 하나를 기입하는 것이 원칙이다. 이를 통해 지금까지의 메모에서는 불가능했던 고도의 활용이 가능하다.

그중 하나가 아이디어의 연결이다. 16칸 가운데 왼쪽 맨 위의 칸에는 주제와 날짜를 적어 넣으므로 모든 칸을 채우면 두 페이지에 아이디어 15개가 생긴다. 그러면 그 아이디어 하나하나를 분류하고 관련지으며 새로운 아이디어나 콘셉트를 찾아낼 수 있다. 일반적인 수첩에서는 이런 작업을 하기가 쉽지 않다. 수첩을 뒤적이며 주제와 관련된 아이디어를 모두 찾아내야 한다. 그 수고와 시간을 생각하면 펼친 두 페이지에서 아이디어 15개를 한눈에 볼 수 있다는 것이 얼마나 효과적인지 알 수 있다.

물론 한 가지 주제와 관련된 아이디어를 몇 페이지에 걸쳐 적어낼 수도 있다. 예를 들어 어떤 주제에 관해 10페이지에 걸쳐 아이디어를 내면 아이디어의 수는 75가지가 된다. 이 경우도 전부 75개나 되는 아이디어를 각각 관련지어 중요한 포인트를 뽑아내고 여기에서 새로운 콘셉트를 추출할 수 있다.

| 왼쪽 맨 위에는 주제와 날짜를 |

다음은 왼쪽 맨 위의 칸을 사용하는 법이다. 앞에서 잠시 언급했지만,

여기에는 '주제'와 '날짜'를 기입하면 편리하다. 이렇게 하면 메모가 쌓여도 이것을 색인처럼 이용해 검색할 수 있다.

| 컬러 코드를 활용한다 |

컬러 코드란 색에 의미를 부여하는 것이다. 예를 들어 신호등을 보면 파란색이 '진행', 노란색이 '주의', 빨간색이 '정지'와 같이 색을 보기만

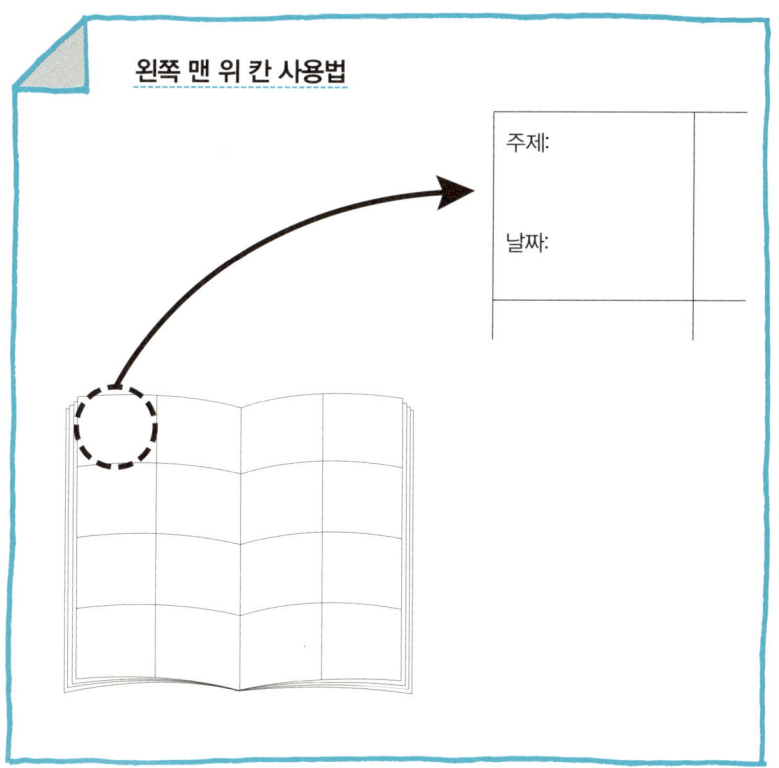

해도 의미를 알 수 있다. 이와 마찬가지로 16분할 메모도 색으로 구분해놓으면 정보를 범주별로 분류할 수 있어 검색할 때 편리하다.

나는 주로 형광펜을 사용한다. 형광펜은 눈에 잘 띄어 검색하기 쉽다. 참고로 나의 컬러 코드를 소개하면 다음과 같다.

- 빨간색: 가장 중요한 것
- 노란색: 강조하고 싶은 부분
- 파란색: 주제
- 녹색: 깨달은 점이나 기억해두고 싶은 말
- 금색: 특별한 주제

사람마다 개성이 다르듯이 색에도 사람마다 부여하는 의미가 다르다. 그러므로 자신의 독자적인 컬러 코드를 정해서 사용해보기 바란다. 의외로 정보관리 효과가 있다.

이동 중에도 프레젠테이션 자료를 만든다

나는 16분할 메모를 활용하게 된 뒤로 이동 중에 프레젠테이션 자료를 구상하는 일이 많아졌다. 메모 한 칸 한 칸을 프레젠테이션을 위한 슬라이드로 생각할 수 있기 때문이다. 한 칸을 슬라이드 한 장으로 생

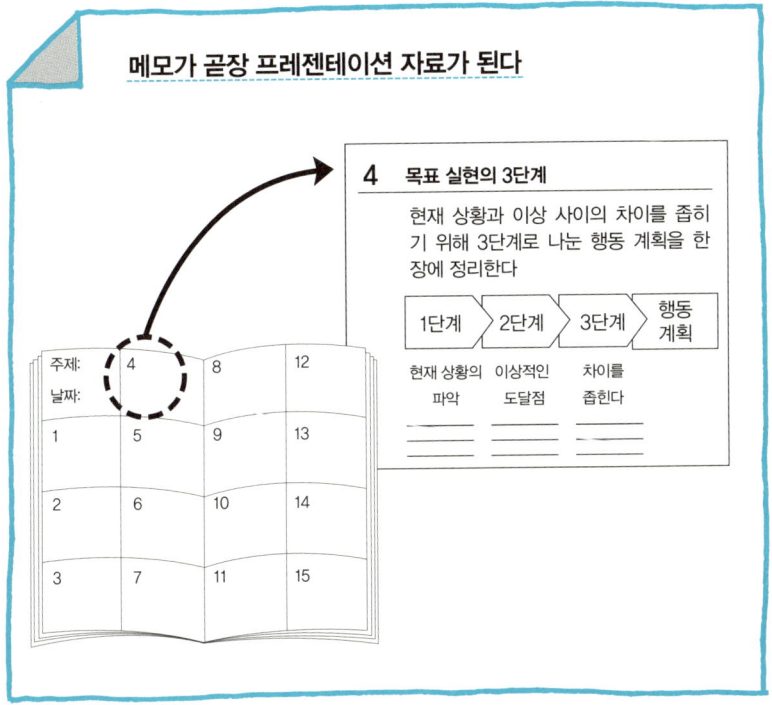

각하고 대략 손으로 만들어보는 것이다. 파워포인트로 만들 때와 마찬가지로 제목과 내용, 결론을 반드시 기입한다.

위의 그림을 살펴보자.

이 작업이 익숙해지면 메모가 그대로 프레젠테이션의 아웃풋으로 직결된다. 먼저 몇 장의 슬라이드를 사용해 프레젠테이션을 완성할지 결정하고 이동하는 차 안에서 그 장수만큼 슬라이드를 만드는 것이다.

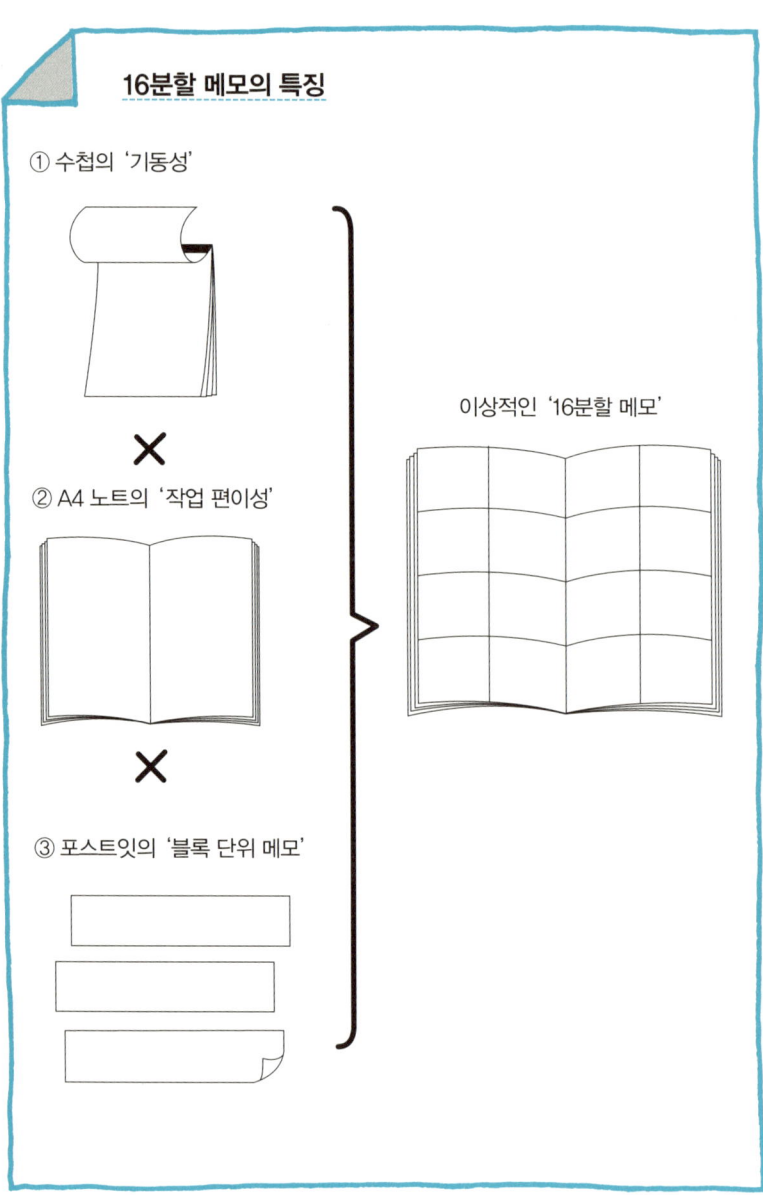

그리고 사무실에 도착하면 컴퓨터 전원을 켜고 '16분할 메모'를 보면서 단번에 프레젠테이션 자료를 완성한다. 이렇게 하면 책상에 오래 앉아 있을 필요 없이 점심시간이나 이동 시간을 이용해, 혹은 집에서도 손쉽게 프레젠테이션 자료를 만들 수 있다. 게다가 컴퓨터 앞에 있을 때보다도 풍부한 상상력으로 슬라이드의 스토리를 전개할 수 있다. 이 방법을 주변 동료와 내 강좌를 듣는 수강생들에게 권했더니, 실제 사용해본 이들에게 생각보다 금방 완성할 수 있었다거나 컴퓨터 앞에 앉아서 파워포인트와 씨름하는 시간이 절반 이하로 줄었다는 말을 많이 들었다.

지금까지 만드는 데 한 시간이나 두 시간, 자칫하면 하루가 넘게 걸리던 자료를 자투리 시간을 활용해 완성할 수 있다. 물론 프레젠테이션 자료만이 아니다. 각종 서류 작성이나 아이디어 착안 등 다른 용도로 활용할 수 있다.

16분할 메모를
만드는 법

이제 16분할 메모를 만드는 법을 소개한다.

먼저 메모장을 준비하자. 어떤 제품이든 상관없지만, 언제라도 꺼내서 메모할 수 있도록 주머니에 쏙 들어가는 크기가 좋다.

다음에는 메모장을 펼친 뒤 두 페이지에 선을 그어 16분할한다. 두 페이지에 먼저 가로로 선을 하나 긋고 다음에 세로로 두 개 긋는다. 이렇게 하면 8등분을 할 수 있다. 그리고 다시 가로로 선을 두 개 그으면 16분할한 칸이 만들어진다.

16분할의 순서

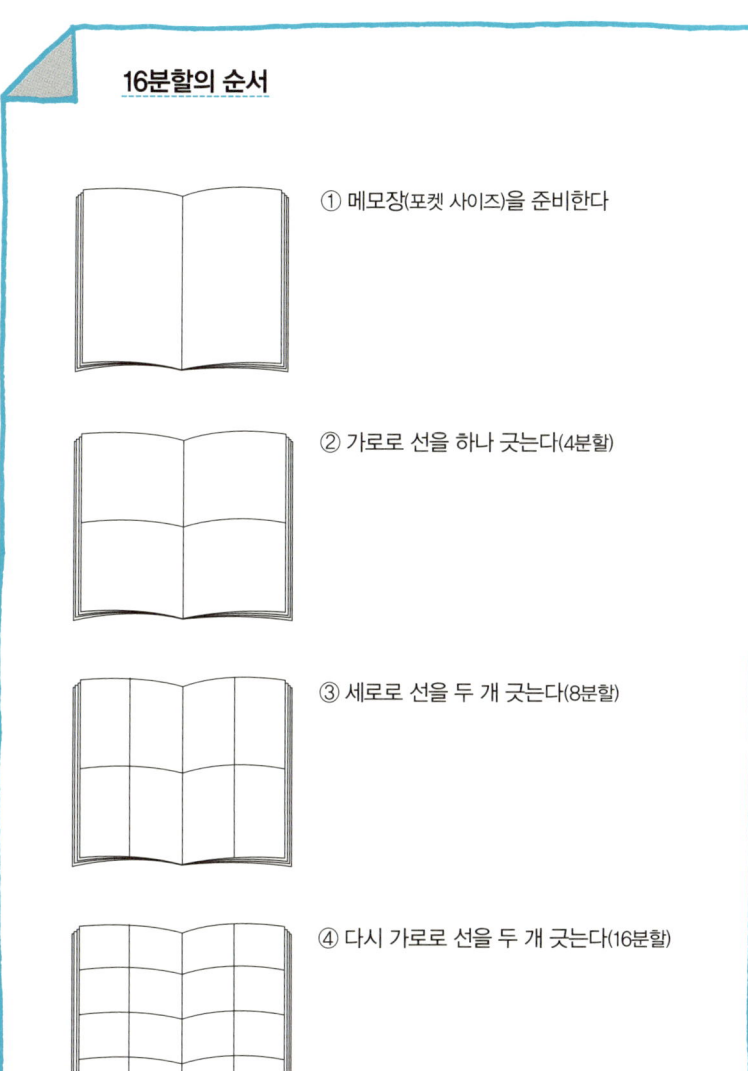

① 메모장(포켓 사이즈)을 준비한다

② 가로로 선을 하나 긋는다(4분할)

③ 세로로 선을 두 개 긋는다(8분할)

④ 다시 가로로 선을 두 개 긋는다(16분할)

| 프레임이 있으면 아이디어가 잘 나온다 |

'그런데 굳이 16분할을 할 필요가 있나?'라고 생각하는 사람도 분명히 있을 것이다. 내가 칸을 만드는 이유는 다음과 같은 가설을 세웠기 때문이다. 바로 '사람은 프레임이 없으면 생각하지 못한다'는 가설이다.

한 가지 실험을 해보자. 오른쪽 페이지의 그림처럼 칸이 없는 일반적인 메모장과 칸이 있는 메모장이 있다고 가정하자. 꼭 메모장이 아니라 평범한 종잇장이어도 상관없으니 칸이 있는 것과 없는 것을 준비해 어느 쪽에 메모할 때 더 아이디어가 잘 나오는지 실험해보기 바란다. 제한 시간은 15초.

나도 세미나 등에서 참가자를 대상으로 실험한 적이 있는데, 대다수가 칸이 있을 때 아이디어를 훨씬 더 쉽게 적어 넣었다.

사람은 누구나 빈칸이 있으면 그 안을 채우고 싶어 하기 마련이다.

| 한 칸에 정보 하나가 원칙 |

포스트잇에 메모를 해본 적이 있는가? 포스트잇은 아이디어를 내기에 아주 좋은 도구이다. 같은 조건에서 같은 주제로 아이디어를 낸다고 가정할 때 A4 용지 한 장을 건네받은 경우와 포스트잇 다발을 건네받은 경우 중 어느 쪽이 더 아이디어를 내기 쉬울까? 역시 포스트잇 쪽이다. 칸이 있기 때문이다.

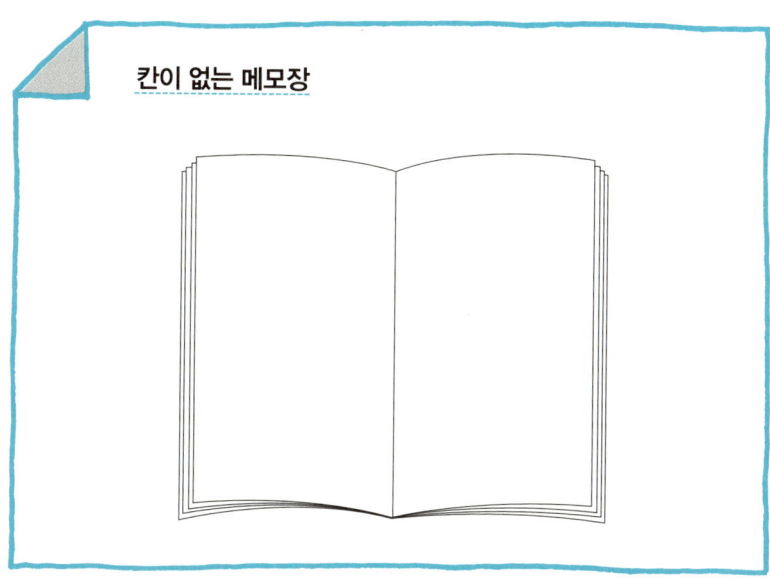

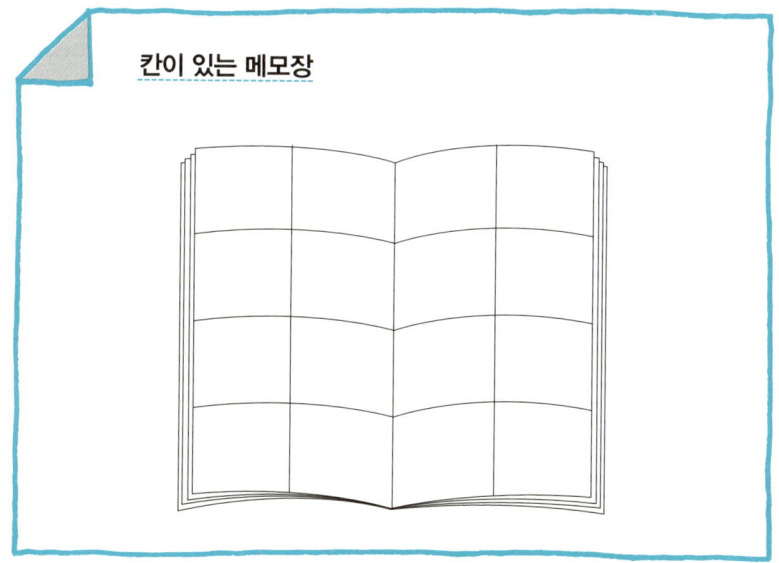

16분할 메모의 원형은 사실 포스트잇이다. 포스트잇을 처음 사용했을 때 나는 깜짝 놀랐다. 아이디어를 내려고 흰 노트를 펼치기만 해도 생각이 딱 멈춰버리는데 포스트잇이라는 작은 칸을 마주하니 스트레스 없이 자연스럽게 아이디어를 낼 수 있었다.

한 장에 아이디어 하나를 적으면서 집중력이 생기기 때문이다.

| 프레임에 색을 더한다 |

칸을 만들 때는 검은색보다는 다른 색으로 그리는 편이 좋다. 나는 하늘색이나 옅은 녹색을 사용한다. 여러 색으로 실험해본 결과, 생각을 하거나 아이디어를 낼 때 선의 색깔이 신경 쓰이거나 아이디어를 방해하지 않았다. 모눈종이의 선도 하늘색이나 옅은 녹색인 것을 보면

PILOT의 하이테크 펜

원래 그 색들이 주의를 흐트러뜨리지 않고 흰 종이와 잘 어울리는 색인지도 모르겠다. 실제로 화이트보드를 사용할 때도 녹색 마커를 쓰면 가독성이 별로 좋지 않다.

참고로 나는 4색 볼펜과 메모장을 항상 셔츠 주머니에 넣고 다니기 때문에 4색 볼펜의 녹색으로 선을 그을 때도 종종 있지만 보통은 하이테크 펜을 사용하는데, 여러분에게도 강력히 추천한다.

4분할~128분할 메모

16분할 메모라는 이름을 붙이기는 했지만, 칸을 더 늘려서 활용해도 된다. 선의 수를 늘리면 32분할, 64분할을 할 수도 있다. 또 4분할만 해 사용할 수도 있다. 사실 이 분할 크기는 아래와 같이 시판되는 포스트잇의 크기와 거의 같다.

- 4분할(큰 포스트잇)
- 16분할(중간 크기의 포스트잇)
- 32분할(작은 크기의 포스트잇)
- 64분할(미니 포스트잇)

나누면 알기 쉽다

여러분은 '안다'는 것이 무엇이라고 생각하는가? 내가 생각하기에 '안다'는 것은 올바르게 나눌 수 있는 상태를 가리킨다. 가령 앞에서 '컬러 코드'에 관해 설명했는데, 색이 다르면 정보의 내용에 있어서도 차이를 주기가 용이하다. 나누면 알기 쉬워진다.

색은 지적 생산에 얼마나 영향을 줄까? 색으로 구분하며 생각하는 방법으로 유명한 사람이 《삼색 볼펜 초학습법》의 저자 사이토 다카시 齋藤孝이다. 사이토 다카시는 이런 말을 했다.

"3색 볼펜이 없으면 나의 지적 생산성은 50퍼센트 감소한다."

단색 펜에서 3색 볼펜으로 정보나 생각을 구분하게 된다면 그것은 흑백텔레비전에서 컬러텔레비전의 진화와 마찬가지이다. 흑백텔레비전을 보던 사람이 어느 날 컬러텔레비전을 보게 되면 흑백텔레비전은 다시 보고 싶은 생각이 들지 않는다. 옛날에 나온 학습 참고서는 모두 단색이었는데, 요즘 학습 참고서는 하나같이 컬러인 것도 같은 이치이다. 컬러로 구분하는 편이 이해도 빠르고 내용이 한눈에 들어오기 때문이다.

또 색 외에도 화살표, 박스, 아이콘 등을 이용하면 더욱 보기 편하게 만들 수 있다.

보기 편하면 정보의 흡수력과 이해도가 높아진다. 비단 16분할 메모뿐만 아니라 정보를 인풋·아웃풋할 때는 시각적으로 '나누어 보기'를 습관화하기를 권한다.

용도에 따라 다양한 분할법

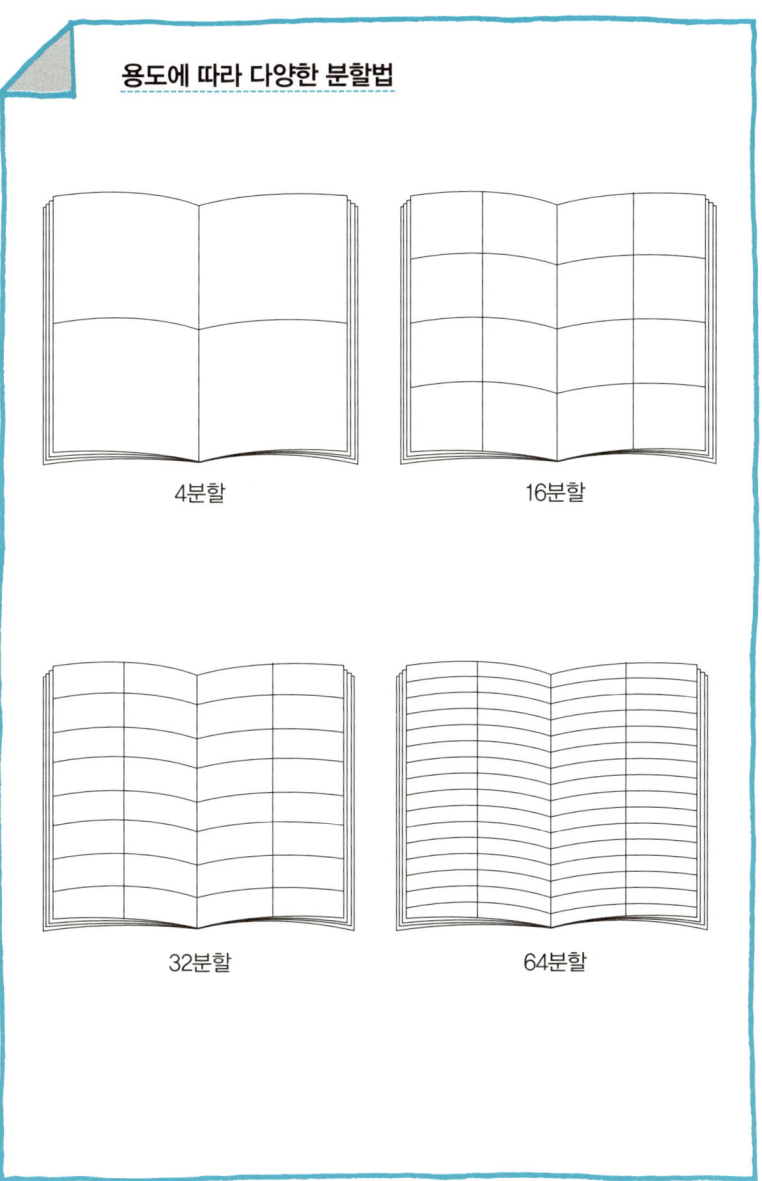

4분할 16분할

32분할 64분할

보기 불편한 메모 vs 보기 편한 메모

✗ 보기 불편한 메모

> 효율 UP!
> 새로움의 확보
> 표준화가 중요
> 재투자 방법
> 상상력 발휘
> 수익성을 어떻게 높일까?

○ 박스, 화살표, 아이콘이 있는 보기 편한 메모

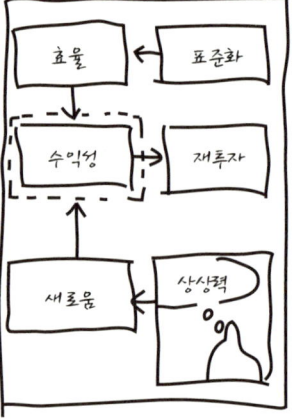

메모에서
탄생한
베스트셀러

일화를 하나 소개한다. 세계적인 베스트셀러가 된 어느 비즈니스 서적의 이야기이다. 메모광을 자처하는 저자는 입사 직후부터 배운 여러 가지 내용을 꾸준히 메모했는데, 그것을 그대로 책으로 만들어 엄청난 반향을 불러일으켰다. 일본뿐만 아니라 여러 나라에서 번역 출판되어 세계적인 베스트셀러가 되었다.

그 책의 제목은 《기업 참모企業參謀》(국내에는 《기업참모》의 출판 기록이 없다 – 옮긴이), 저자는 경영 컨설턴트인 오마에 겐이치大前研一이다. 오마에 겐이치가 컨설턴트로서 확고한 영역을 확보하고 실적을 올린 배경에는 방대한 메모가 있었던 것이다.

사실 내가 메모에 눈을 뜬 계기도 오마에 겐이치의 《기업참모》였다. 당시 경영 컨설턴트가 되고 싶었던 나는 세계적인 경영 컨설턴트의 비밀을 알고 싶어 그 책을 읽었는데, 알고 보니 메모한 내용을 그대로 옮겨서 만든 책이었다.

이 책을 읽고 나는 일상의 메모가 새로운 지식의 세계로 가는 길이라는 것을 깨달았다.

제3장
책 한 권을 15분에, 킬러 리딩

××에 관해 내일까지 공부해야 한다!
이럴 때는 인터넷에서 정보를 모으는 것도 좋지만
필요한 내용을 정확히 공부하려면 책을 읽는 편이 낫다.
급히 읽어야 하는 사람에게 추천하는
인풋·아웃풋 방법을 소개한다.

"책은 자신이 듣고 싶을 때
믿을 수 없는 이야기를 들려준다."

_파울로 코엘료

책 60권을
사흘 만에
독파하다

이 장에서는 독서에 관해 이야기하려 한다.

'정리 이야기를 하다가 뜬금없이 웬 독서?' 하고 의아해할 수도 있지만 여기에서 설명하는 것은 글을 음미하고 즐기기 위한 독서와는 조금 다르다. 정확히 말하면 책에 들어 있는 정보를 정리해 아웃풋하기 위한, 업무에 활용하기 위한 독서 방법이다.

경영 컨설턴트로 일하다 보면 제한된 시간에 방대한 자료와 수많은 서적에서 요점만을 추출해달라는 요청을 자주 받는다. 또 신규 프로젝트를 담당하게 되면 그 업계나 기업에 관한 엄청난 자료를 처음부터 끝까지 살펴봐야 한다.

예전에 주택 업체 클라이언트의 신규 안건을 맡은 적이 있었다. 의뢰를 받은 즉시 클라이언트를 찾아가 의견을 듣고 경영진과 미팅 일정을 잡았다. 그러다 보니 미팅 전, 짧은 시간 안에 주택 업계와 클라이언트 관련 자료와 서적을 읽고 그 업체에 관해 파악해야 했다.

그때 내가 읽은 서적은 60권이 넘었다.
60권을 읽는 데 시간이 얼마나 걸렸을까?
단 2~3일이었다. 다른 업무도 있었으니 자투리 시간을 이용해 짬짬이 읽었는데 정말 2~3일밖에 걸리지 않았다. 그것을 가능케 한 방법이 이제 소개하려는 '킬러 리딩'이다.

물론 나도 처음에는 짧은 시간에 그 많은 자료와 책을 살펴보는 건 도저히 불가능하다고 생각했다. 그것도 그냥 읽기만 하면 끝나는 게 아니라 자료의 내용을 간결하게 정리해야 한다. 정리한 자료만 해도 수십 페이지나 된다. 게다가 진짜 문제는 읽고 난 다음부터다. 정리한 수십 페이지의 내용을 종이 한 장으로 압축해 '이것만 보면 요점을 알 수 있는' 차트(이것을 '킬러 차트'라고 불렀다)로 준비해야 했다. 이쯤 되면 일인지 고문인지 헷갈린다.

'철의 장막' 연설로 유명한 영국의 정치가 윈스턴 처칠Winston Churchill도 부하에게 똑같은 요구를 했다고 한다.
"아무리 자료가 많더라도 한 번에 모든 것을 알 수 있도록 문서 한 장으로 정리해주게."

어느 시대에나 한정된 시간과 싸우면서 일하는 사람은 짧게 요점만 정리할 것을 요구한다.

지금부터 설명할 '킬러 리딩'은 내 경험을 바탕으로 15분 안에 책 한 권을 읽고 그 내용을 종이 한 장에 요약해 1분 안에 간결하게 설명

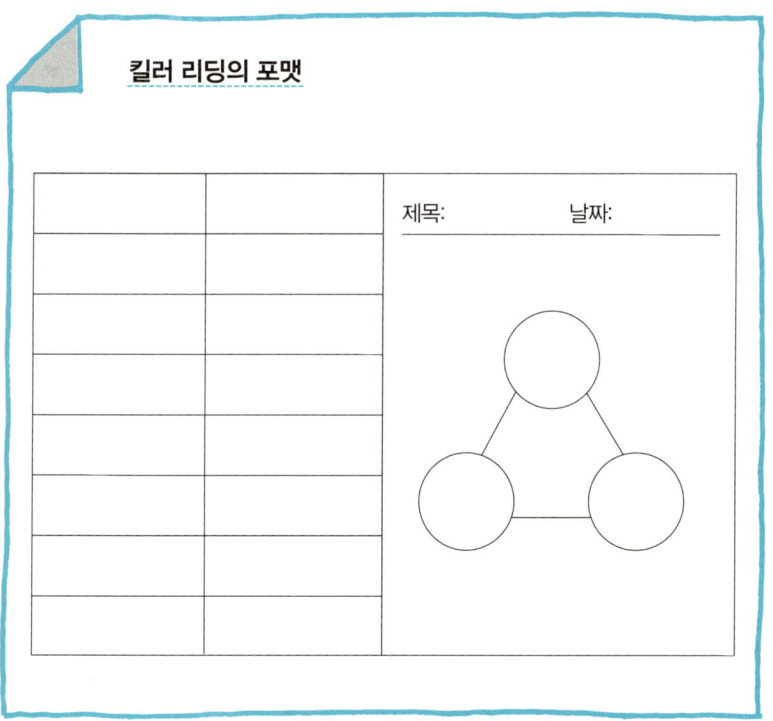

킬러 리딩의 포맷

할 수 있도록 만든 포맷이다. 매우 효율적으로 정보를 얻을 수 있는 방법이다.

이 방법을 사용하면 엄청난 양의 책을 읽으면서도 한 권 한 권의 핵심 내용을 종이 한 장에 압축하고 차트 한 장에 요점이 정리된 '킬러 차트'를 만들 수 있다.

킬러 리딩의 개요는 71페이지의 그림과 같다.

킬러 리딩의
4단계

킬러 리딩은 4단계로 구성된다. 순서대로 살펴보자.

| **1단계: 질문** |

먼저 킬러 리딩에 필요한 첫 번째 단계는 책을 읽기 전에 '질문'을 하는 것이다. 여기에서 질문이란 저자에게 묻고 싶은 것, 그 책을 읽음으로써 내가 얻고자 하는 것, 독서의 목적을 가리킨다.

먼저 킬러 리딩의 포맷을 준비한 다음 저자에게 묻고 싶은 질문을 트라이앵글의 가운데에 기입한다. 이 책을 통해 얻고 싶은 것이 무엇인지 독서의 질문을 명확히 하는 것이다.

질문은 구체적이어야 한다. 질문의 설정은 검색 사이트 검색창에 검색 키워드를 입력하는 것과 같다. 모호한 키워드를 입력해서는 원하는 답을 얻지 못한다.

예를 들어 여러분이 호텔 업계 컨설턴트라고 가정하자. 어떤 호텔 컨설턴트가 쓴 책을 읽을 때 설정한 질문이 '매출 신장의 비결은 무엇인가?'라면 지나치게 추상적이다. 이런 질문보다는 '명절 이후의 비성수기에 매출 신장으로 이어지는 판촉 기획은 무엇인가?'가 좀 더 구체적인 질문이며, 구체적 질문이 있다면 책에서 구체적인 답을 발견할 수 있다.

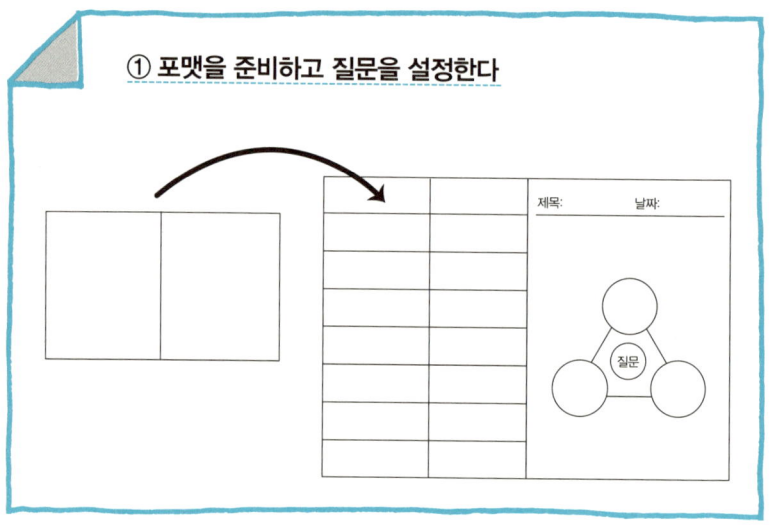

| 2단계: 추출 |

질문을 설정했다면 이때부터 15분이 승부의 시간이다. 스톱워치를 설정하고 제2단계인 '16개 키워드 추출'에 들어간다. 질문은 책에서 필요한 정보를 수신하기 위한 안테나이다. 그래서 안테나를 세운 다음에는 수신 감도를 높이기 위한 키워드를 16개 찾아내는 것이다. 뇌에 질문이 설정되면 책에서도, 자료에서도 그 질문과 관련된 정보가 눈에 들어온다. 따라서 키워드를 설정해놓으면 내가 원하는 정보에 더욱 가까이 갈 수 있다.

② 16개 키워드를 추출한다

키워드 1	키워드 9
키워드 2	키워드 10
키워드 3	키워드 11
키워드 4	키워드 12
키워드 5	키워드 13
키워드 6	키워드 14
키워드 7	키워드 15
키워드 8	키워드 16

차례나 본문을 빠르게 넘기면서 한 개당 20초 정도의 속도로 다음 페이지 상단의 16칸에 키워드를 채워나가자. 칸이 나뉘어 있지 않은 백지에 키워드를 적다 보면 이것도 적고 저것도 적다가 키워드가 무한정 늘어나는 경향이 있다. 그래서는 한도 끝도 없으므로 키워드는 16개로 한정하자. 제한이 있으면 '막연히', '대강'이 아니라 '치밀하게' 생각하면서 키워드를 뽑아낼 수 있다.

| 3단계: 키워드 |

질문을 설정하고 16개 키워드를 추출했으면 이제 본격적으로 책을 읽는다. 본격적이라고 해도 독서에 할애할 시간은 10분 정도밖에 없으

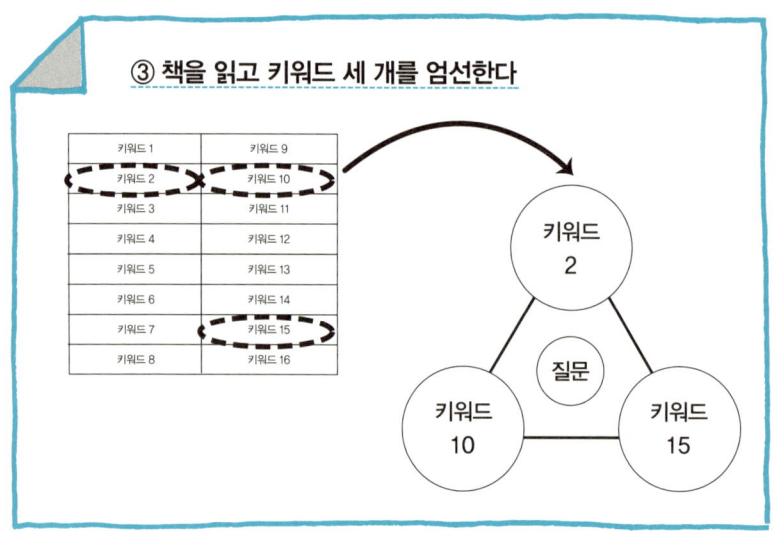

므로 한 글자 한 글자 꼼꼼히 읽기보다 본문을 빠르게 눈으로 훑으면서 질문과 키워드에 해당하는 부분을 찾아낸다. 그리고 제한 시간 내에 책을 다 훑어본 다음 앞서 추출해낸 16개 키워드 중에서 그 중에서도 더 중요하다고 생각되는 것을 세 개 골라 트라이앵글의 원 안에 기입한다. 질문에 대한 답에 해당하는 키워드를 골라내는 것이다. 책의 내용을 정리할 때, 또 그 내용을 아웃풋할 때 큰 힘을 발휘한다.

| **4단계: 메시지** |

마지막인 제4단계의 핵심은 메시지이다. 질문에 대한 답을 하나의 메시지로 정리하는 것이다.

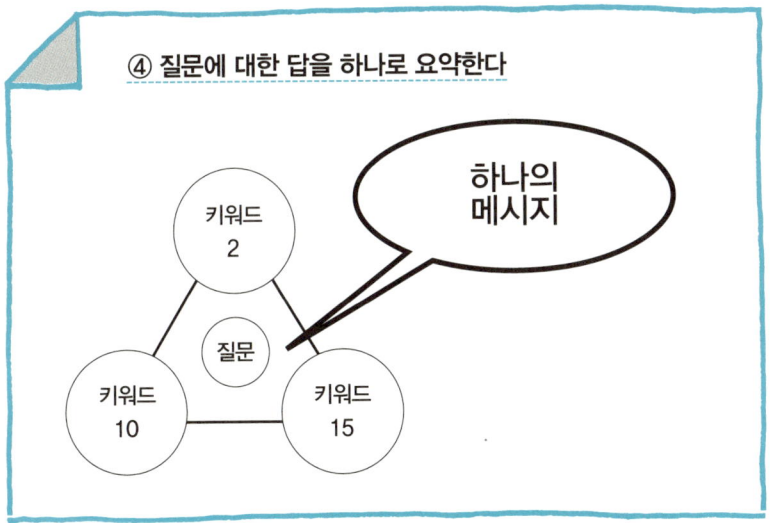

'처음에 설정한 질문의 관점에서 책의 요점을 압축하면 이 하나로 정리할 수 있다'는 식의 문장이면 된다.

자신의 표현으로 메시지를 만들기 바란다.

이 과정을 거치면 독서 시간은 설령 15분밖에 되지 않아도 집중해서 자신이 원하는 정보를 뽑을 수 있다. 또 자신의 머리로 생각해 정리했으므로 내용을 잊어버릴 일도 없다. 나만의 생각이 담긴 메시지가 만들어진다.

킬러 리딩의 예
《피터 드러커의 자기경영노트》

기본적인 개념을 설명했으니 이번에는 실제로 킬러 리딩을 어떻게 사용하는지 살펴보자. 피터 드러커Peter Ferdinand Drucker가 쓴 《피터 드러커의 자기경영노트The Effective Executive》(이재규 옮김, 한국경제신문사)를 예로 들겠다.

| 1단계: 질문을 설정한다 |

먼저 킬러 리딩의 포맷을 준비해 질문을 설정한다. 예를 들어 '내가 내일부터 당장 실천할 수 있는, 야근 방지를 위한 세 가지 포인트와 한 가지 행동은 무엇일까?'라는 질문을 설정했다고 가정하자. 이런 질문은 '드러커가 말하는 경영자의 조건이란 무엇인가?' 같은 막연하고 추상적인 질문보다 드러커의 생각을 일상생활에서 활용할 수 있는 좀 더 실천적인 독서를 가능케 한다.

2단계: 16개 키워드를 추출한다

질문을 트라이앵글의 중앙에 놓았으면 책을 펼쳐 이 질문과 관련된 16개 키워드를 추출한다. 제한 시간은 15분이다. 나는 '처칠이 핵심의 대가라고 부른 해리 홉킨스', '루틴화 → 천재적인 업무 처리', '너의 시간을 알아라' 등의 키워드를 추출했다.

차례 등을 보면서 고유명사, 숫자, 격언, 혹은 참신한 시각으로 마음에 와닿는 것들을 중심으로 질문과 관련된 키워드를 뽑는다.

3단계: 세 개의 중요한 키워드를 뽑는다

16개 키워드를 뽑았으면 키워드와 관련된 부분을 중심으로 빠르게 책을 읽어나간다. 다 읽었으면 16개 중에서 좀 더 중요한 키워드에 빨간 펜으로 동그라미를 치거나 깨달은 점을 적어 넣으며 키워드를 세 개로 압축한다. 그 결과 압축된 세 개의 키워드는 다음과 같다.

① 기억보다 '기록'
② 분석보다 '용기'

③ 창조보다 '따분함'

이 세 개의 키워드로 압축할 때 중요한 것은 저자의 키워드를 찾아내어 자신만의 독자적인 표현으로 바꾸는 것이다. 이렇게 하면 드러커의 표현으로 이해했던 것을 나만의 방식으로 다시 생각하고 기억할 수 있게 된다.

| 세 개의 키워드를 정하는 기준 |

내가 선택한 세 키워드의 의미는 다음과 같다.

야근 방지를 위한 포인트는 세 가지가 있다.

첫째는 기억보다 '기록'이다. 우리의 기억은 매우 불확실하다. 드러커도 실례를 들며 이 점을 지적했다. 그러므로 '시간'과 '자신이 잘했던 것'을 메모하자. 그러면 기억에 의지하지 않고 시간과 자신의 강점을 객관적으로 바라볼 수 있게 되며, 비로소 시간을 이용하는 법과 강점을 갈고닦는 법을 궁리할 수 있다.

둘째는 분석보다 '용기'이다. 업무의 우선순위를 정하려면 '버리는 용기'가 필요하다. 우선순위를 결정하는 것은 '만약 이 일을 뒤로 미루면', '이 프로젝트를 진행하지 않으면'이라는 불안감과의 싸움이기도 하다. 그 불안감을 극복하기 위한 용기가 요구된다.

셋째는 창조보다 '따분함'이다. 성과를 올리고 싶으면 업무를 루틴화routine 해야 한다. 요컨대 업무의 대부분이 루틴화되어 아침에 출근하면 해야 할 일이 정해져 있고 그 일을 정해진 방법으로 처리하면 저절로 성과가 오르는 따분한 조직일 필요가 있다고 드러커는 말했다.

이렇게 해서 키워드를 셋으로 압축했으면 질문에 대한 답이 되는 메시지를 하나 완성한다.

| 4단계: 메시지를 추출한다 |

내가 내일부터 실천하기로 한 한 가지 행동은,
매일 '오늘 잘한 것'을 수첩에 기록하고 1개월마다 나의 '강점'을 정리해나가는 것이다.

| 5단계: 책의 내용을 요약한다 |

1분 안에 책 한 권을 요약한다. 방법은 간단하다.

《피터 드러커의 자기경영노트》에는 드러커식 '야근 방지 기술'이 담겨 있습니다. 그것은 나보다 연 수입이 열 배 높은 사람이 실천하고 있는 단순한 가르침입니다. 이 책을 '야근을 없애는 세 가지 포인트와 한 가지 행동은 무엇인가?'라는 관점에서 읽고, 다음 세 가지 포인트를 발견했습니다.

① 기억보다 '기록'

② 분석보다 '용기'

③ 창조보다 '따분함'

이를 바탕으로 나는 그날부터 '잘한' 것을 수첩에 기록하고 1개월마다 나의 '강점'을 정리해나가고 있습니다. 그랬더니…….

이런 식으로 사람들 앞에서 발표할 수 있으면 책을 읽는 재미가 커진다. 업무 자료의 수집뿐만 아니라 책을 읽고 의견을 교환하는 독서모임 같은 곳에서도 효과적이다. 물론 말로만 하는 것이 아니라 제6장에서 설명할 '1·2·3맵'을 사용하여 문서 형식으로 정리할 수도 있다.

무엇보다 인풋과 아웃풋을 의식함으로써 책의 내용이 나에게 실질적인 도움이 되고, 이를 일상에서 실천하면 내적으로도 충실해진다.

남의 표현을 빌리지 않고 자신만의 표현으로 말할 수 있는 지식이 풍부해진다. 또 지식이 늘어나 자신만의 표현으로 말할 수 있으면 점점 더 설득력 있는 이야기나 독자적인 관점의 기획이 가능해진다. 업무의 효율로 이어지는 것은 당연하다. 꼭 실천해보기 바란다.

킬러 리딩으로 읽은 《피터 드러커의 자기경영노트》

루틴화 └→ 천재적인 업무 처리	따분한 조직
No 회의!	너의 시간을 알아라
공헌 초점 ⇒ 성공 어떤 공헌을 할 수 있는가?	궁극적인 목적 = 관객의 관점
분석 < 용기	잘하는 것을 중심 = 나 자신으로 있을 것
처칠이 '핵심의 대가'라 고 부른 해리 홉킨스	우선순위
강점만이 성과를 낳는다	↗ 버린다 집중 = 한 번에 한 가지
다빈치의 Only One	유일하고 확실한 것 = 변화
우수한 외과 의사는 불 필요한 수술을 하지 않 는다	시간을 기록

《피터 드러커의 자기경영노트》
↓   ↓
오늘 '잘한 것'을 수첩에
기록하며, 1개월마다
자신의 '강점'을 정리해
나간다

- 기억보다 '기록'
- 분석보다 '용기'
- 창조보다 '따분함'

야근 방지를
위한 세 가지
포인트와 한 가지
행동은?

정보를
구조적으로
읽는다

킬러 리딩을 시작하면 일상적으로 만나는 정보나 지식을 대하는 자세도 달라진다.

  예를 들어 매일 보는 신문을 킬러 리딩 해봐도 좋다. 15분 동안 신문을 읽고 자신의 독자적인 관점에서 요점을 간추린다. 이때도 방법은 같다. 15분이나 10분 정도로 시간을 정하고 질문을 설정해 중요한 정보만을 엄선한다. 방대한 정보 안에서 포인트 세 개와 메시지 하나를 뽑아낸다. 86페이지의 그림처럼 사막에서 피라미드의 꼭짓점 부분을 잘라내는 느낌이다.

킬러 리딩의 구조

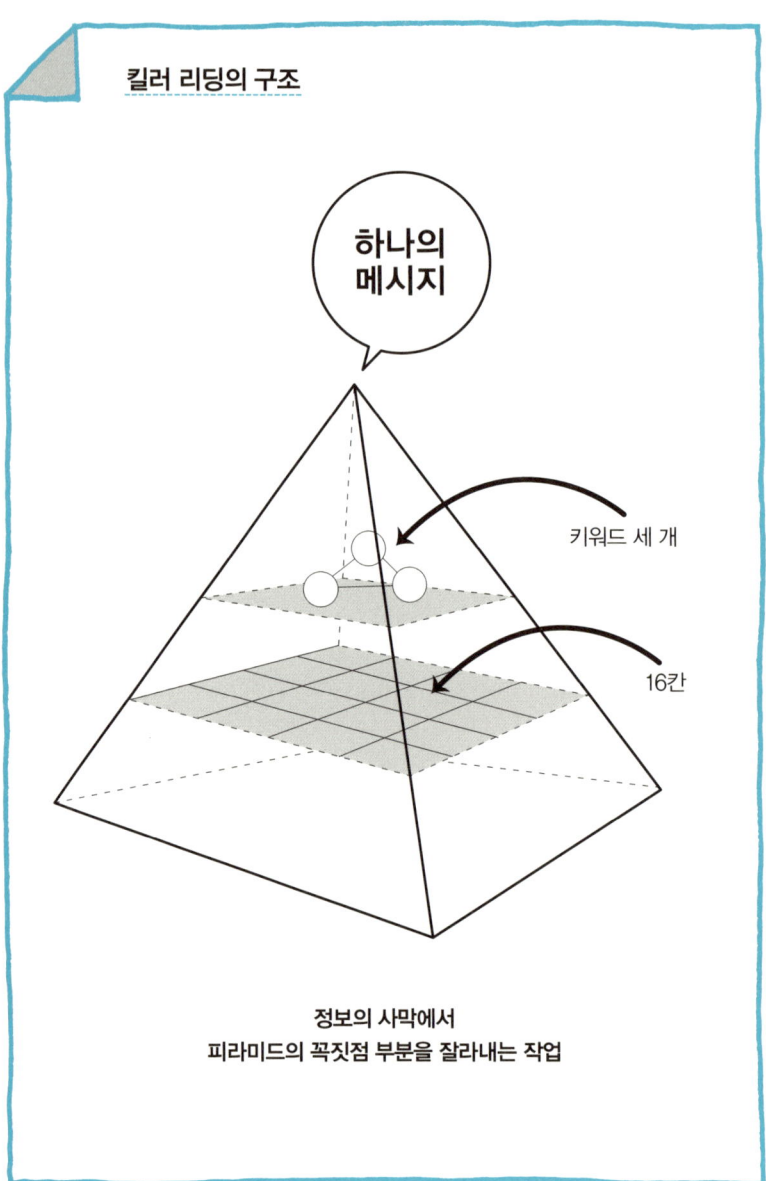

질문을 설정한다

먼저 질문을 설정한다. '경제가 부흥하기 위한 열쇠는 무엇인가?' 같은 추상적인 것보다는 '기존의 상식이 통하지 않는 최근의 시장에서 고객에게 가치 있는 서비스를 창출하기 위해 필요한 시각은 무엇인가?' 같은 구체적인 질문이 좋다. 이런 질문이라면 자신이 필요로 하는 구체적인 답을 신문에서 발견할 수 있다.

16개 키워드를 추출한다

다음에는 신문을 뒤적이면서 질문과 관련이 있을 것 같은 키워드를 추출해 16개의 칸에 적어 넣는다.

키워드를 추출할 때 포인트는 질문과 관련된 고유명사나 숫자, 혹은 마음을 뒤흔들거나 기억에 남는 사건 등을 뽑아내는 것이다. 예를 들면 '안도 다다오安藤忠雄의 조직의 힘', '24시간 보육 시설 1,695군데', '달라이 라마의 권력 공백' 같은 고유명사나 숫자가 들어간 키워드가 여기에 해당한다.

또 '기억을 품는다', '평범한 일상'과 같이 내 마음을 움직인 감성적인 키워드도 뽑는다.

일단 키워드를 뽑았으면 16개의 칸을 훑어보며 관련이 있는 것끼리 같은 색으로 동그라미를 치거나 중요한 키워드에 빨간 펜으로 동그라미를 그려가며 정보를 분류한다.

| 키워드 세 개를 고른다 |

그 다음에는 트라이앵글에 기입할 키워드 세 개를 결정한다.

'체험자 1인의 입장'

'소수자의 입장'

'조직의 입장'이라는 세 키워드를 정했습니다.

외국인 간호사, 유아, 무허가 보육원에서 힌트를 얻어 '소수자'를 떠올렸습니다.

| 하나의 메시지로 요약한다 |

마지막으로 세 개의 키워드에서 하나의 메시지를 추출한다.

하나의 메시지는

"세 가지 입장에 서서 평범한 일상을 재구축하는 새로운 서비스를 만들어 소비 욕구를 불러일으키자!"입니다.

여기에서 세 가지 입장이란 다음과 같습니다.

'체험자의 입장'

'소수자의 입장'

'조직의 입장'

이런 식으로 신문을 읽을 때마다 '메시지'를 요약하는 훈련을 하면 나도 모르게 표현력이 좋아진다. 프레젠테이션을 하거나 제안서를 만들 때 상대방에게 강한 인상을 주는 메시지를 만드는 방법도 점점 수월하게 찾을 수 있다.

다른 사람에게 전달한다

마지막으로 이 메시지를 1분 동안 타인에게 전달해보자.

> "오늘 저는 신문을 보며 '기존의 상식이 통하지 않는 오늘날, 고객에게 가치 있는 서비스를 창출하기 위해 필요한 시각은 무엇인가?'라는 문제에 관해 생각해봤습니다. 그리고 곰곰이 생각한 끝에 '세 가지 입장을 기준으로 평범한 일상을 재구축하는 새로운 서비스를 만들어 소비 욕구를 불러일으키자!'는 결론을 도출했습니다. 여기에서 세 가지 입장은 '체험자의 입장'과 '소수자의 입장', '조직의 입장'입니다."

어떤가?

15분 동안 막연히 신문을 읽는 것보다 이런 식으로 킬러 리딩을 하면 훨씬 신문을 폭넓게 활용하게 된다. 단편적으로 흩어져 있는 정보를 정리해 전체적인 시점에서 구조적으로 읽을 수 있다. 결과적으로 누구나 손에 넣을 수 있는 신문이라는 정보를 자신만의 독자적인 시

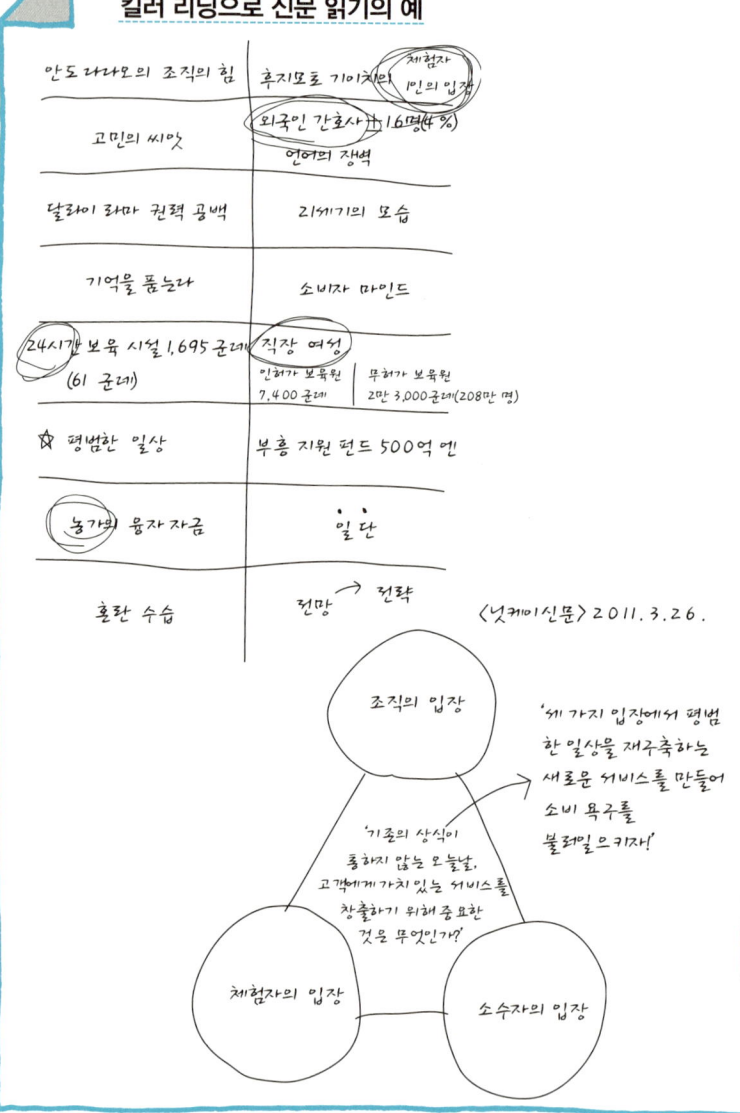

각으로 해설할 수 있게 되는 것이다.

신문에 실린 정보를 수동적으로 받아들이지 않고 독자적인 시각을 만드는 것이다. 이 사례와 같이 독자적인 시각을 하루에 하나씩 꾸준히 만들어가면 장기적으로 세상을 보는 시야가 넓어진다. 그리고 자신만의 독자적인 사고방식과 단순하면서도 기억에 남는 표현 능력이 발달되어 업무의 질이 크게 향상된다.

| 하루 15분 독서를 습관화한다 |

마지막으로 킬러 리딩의 정확도를 높이기 위해 하루 15분만이라도 책 읽는 습관을 들일 것을 권한다.

하루 15분 독서를 습관화하면 좋다. 아침에 일어나서도 좋고, 자기 전이어도 상관없다. 습관화하려면 매일 정해진 시간에 책을 읽는 것이 좋다. 그리고 독서할 때는 종이와 펜을 반드시 준비하자.

'성공과 실패는 종이 한 장 차이'라고 했다. 하루 15분의 킬러 리딩을 쌓아나가면 자신도 모르는 사이에 지금 당신과 함께 달리는 경쟁자들과 결정적인 차이를 만들 수 있다.

제4장
누구라도 한 번에 이해하는 한 장 인수인계 맵

쓸모없는 자료가 잔뜩 쌓여 있는 책상은
자신도 모르는 사이에 업무 효율을 떨어뜨린다.
필요 없는 것을 버리기 위한 목록 작성과 자료의 연관성을
한눈에 보여주는 포맷으로 책상 정리와 업무를
자유자재로 연계할 수 있다.

"성과를 올리는 사람은 새로운 활동을
시작하기 전에 반드시 낡은 활동을 버린다."
_피터 드러커

필요 없는 것을
파악하는
정리 목록

이 장에서는 필요 없는 서류나 물건을 버려서 주변을 물리적으로 정리하는 방법에 관해 생각해보자. 우리는 왜 물건을 버리지 못할까? 이것도 필요하고 저것도 필요하다는 심리 때문이다. 이런 심리는 쓰지도 않는 물건에 대해서만 나타나는 것이 아니다. 문서나 프레젠테이션 자료를 만들 때도 이것저것 집어넣고 싶어 분량을 줄이지 못한다. 그 결과 '무슨 말을 하고 싶은지 알 수 없는' 자료가 완성되고 만다.

  집이고 사무실이고 짐이 가득한 사람들은 이것도 저것도 언젠가는 필요할지 모른다는 불안감 때문에 물건을 버리지 못한다. 나는 이런 증상을 '이것도 저것도 증후군'이라고 부르는데, 이래서는 시간과 공간이 아무리 많아도 정리를 할 수 없다.

어떻게 하면 '이것도 저것도 증후군'을 극복할 수 있을까? 우선 필요한 것은 무엇이고 필요 없는 것은 무엇인지 파악해야 한다.

| 쓰는 것과 안 쓰는 것, 중요한 것과 중요하지 않은 것을 구분한다 |

예전에 집에 쌓여 있던 산더미 같은 책과 자료를 보고 '정리해야지!' 마음먹었던 적이 있다. 어떻게 하면 효율적으로 버릴 수 있을까 생각하다, 무엇을 버리고 무엇을 남겨야 할지 목록으로 정리해보았다.

업무든 사생활이든 우리가 가지고 있는 물건은 아래와 같이 분류할 수 있다.

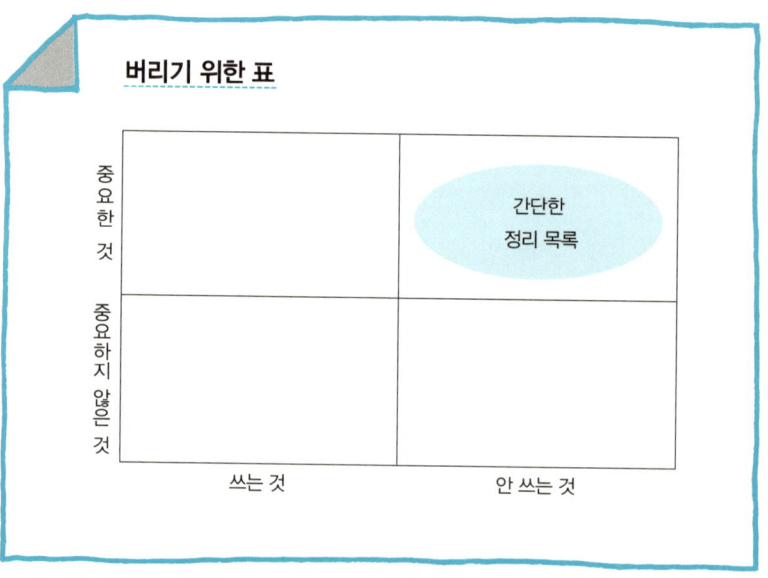

- 쓰는 것 / 안 쓰는 것
- 중요한 것 / 중요하지 않은 것

이 가운데 내가 주목한 것은 '중요한 것과 중요하지 않은 것'이다.

'쓰는 것과 안 쓰는 것'이라는 기준으로 버릴지 안 버릴지를 판단하기는 쉽다. 그러나 이 기준이 효율적이지 못한 이유는 버릴 대상에 대한 애정 때문이다. 그래서 물건을 버리고 싶지만 버릴 수 없을 때는 '왜 그것을 버릴 수 없는지' 생각하기로 했다. 그리고 책장에 가득 꽂힌 책 중에서 내가 버리고 싶지 않은 것을 열 가지 골라 목록으로 만들어봤다. 그 결과 다음과 같은 표가 만들어졌다.

① 하버드 비즈니스 스쿨 등 MBA 사례 연구집
② 마르크스의 《자본론》
③ 영화 시나리오 쓰기, 이야기의 법칙 등 스토리텔링 관련 도서
④ 재무 도서
⑤ 관리회계 도서
⑥ 영어 학습 도서
⑦ 영업 관련 도서
⑧ 공인회계사 자격 관련 도서

⑨ 디자인 관련 도서

⑩ 발상법 관련 도서

이렇게 제목을 리스트업했다면 가지고 있는 이유, 1년 이내에 쓸 것인지 쓰지 않을 것인지, 중요한지 중요하지 않은지(○, ×)를 고려한다. 그리고 그중에서 가장 먼저 손꼽히는, 맨 위에 자리 잡는 세 가지만을 남기고 나머지는 전부 버린다. 이것으로 끝이다.

개중에는 10년 이상 된 책도 있었다. 여러 분야를 깊이 파고들고 싶었던 시기에 구입해 10년 동안 읽으려고 생각했지만 한 번도 읽지 않은 책이었다. 지금은 아니지만 언젠가는 도움이 될 거라는 생각으로 가지고 있었다.

하지만 오직 지금, 그리고 앞으로 내게 필요한 것은 무엇일지 곰곰이 생각한 결과, 남은 것은 ③번의 스토리텔링 관련 도서뿐이었다.

세 가지를 남긴다고 했는데, 왜 한 권일까?

그렇다. 처음에는 세 가지를 남기려 했지만, 생각해보니 내게 필요한 것은 결국 스토리텔링 관련 도서뿐이라는 사실을 알았다. 지금도 미래에도 필요한 기술은 스토리텔링뿐임을 깨닫자 다른 것은 필요 없다고 미련 없이 포기할 수 있었다.

사생활과 업무는 밀접한 관련이 있다. 이렇게 해서 사적으로 필요

정리 목록의 포맷

	주제	가지고 있는 이유	1년 이내에 볼 것인가?	O / ×	TOP 3
1	MBA 사례집	경영 사례의 축적	NO	×	
2	마르크스의 《자본론》	경제학 교양	NO	×	
3	스토리텔링	이야기를 통해 사람을 움직인다	YES	O	1
4	재무	재무 지식	NO	×	
5	관리회계	경영 분석에 활용한다	NO	×	2
6	영어 학습	업무에서 영어를 활용한다	NO	×	
7	영업	일감을 얻는다	NO	×	3
8	공인회계사	업무의 폭을 넓힌다	NO	×	
9	디자인	디자인에 대한 조예를 깊인다	NO	×	
10	발상법	획기적인 아이디어를 낸다	NO	×	

없는 것을 과감히 버리고 인생의 방향이 선명한 상태에서 일에 몰두하면 여러분의 일과 미래는 그렇지 않은 때와 달라진다.

정리할 때는 '버릴 수 없는 것'을 목록으로 만들고 남길 것을 최대 세 가지만 정한다. 이것이 물건을 버리는 대원칙이다.

10분이면
누구나 이해하는
한 장 인수인계 맵

개인적으로 자기 주변을 정리할 일이 생긴다면, 대부분 앞에서 소개한 방법으로 해결할 수 있다. 그렇다면 조직에서, 다른 사람과 함께하는 일을 정리할 때는 어떻게 해야 할까?

흔한 예를 들면 업무 인수인계가 있다.

이틀 후, 자신의 모든 업무를 후임 담당자에게 인수인계해야 한다고 가정하자. 게다가 인수인계 시간은 겨우 10분이다. 여러분은 10분이라는 짧은 시간 동안 가장 효율적으로 인수인계를 하기 위해 무엇을 준비하겠는가?

내 대답은 '한 장 인수인계 맵'이다. 어떤 업무라도 인수인계에 필요한 모든 자료를 이 한 장에 정리해 넣을 수 있다.

| 아무리 방대한 자료도 한눈에 파악할 수 있다 |

예전에 내가 일하던 회사에는 사무실에 서류가 어지럽게 널려 있었다. 책상 위에는 서류 파일이 잔뜩 쌓여 있고, 책상 밑에도 두꺼운 서류철이 빽빽이 놓여 있었다. 다리를 책상 밑에 집어넣기도 어려워 몸을 비스듬히 기울이고 일해야 했다. 어디에 어떤 서류가 있는지도 알 수 없었고, 자신의 업무를 인수인계하는 것조차 불가능했다. 그래서 이 문제를 해결하고자 궁리해낸 것이 지금부터 소개할 '한 장 인수인계 맵'이다.

한 장 인수인계 맵은 다음과 같다. 103페이지의 그림을 보면 알 수 있듯이, 한 장 인수인계 맵을 만들 때는 마인드맵 소프트웨어를 사용한다. 물론 손으로 만들어도 상관없지만, 마인드맵 소프트웨어를 활용하면 만드는 시간이 줄어들고, 업무의 큰 그림을 한눈에 알 수 있는 등 많은 장점이 있다. 요즘은 편리한 마인드맵 소프트웨어가 많다. 개중에는 무료로 쓸 수 있는 것도 있으니 일단 사용해보고 자신에게 제일 잘 맞는 것을 고르자.

이 장의 끝 부분에 대표적인 마인드맵 소프트웨어를 몇 가지 소개했으니 참고하기 바란다.

한 장 인수인계 맵의 예

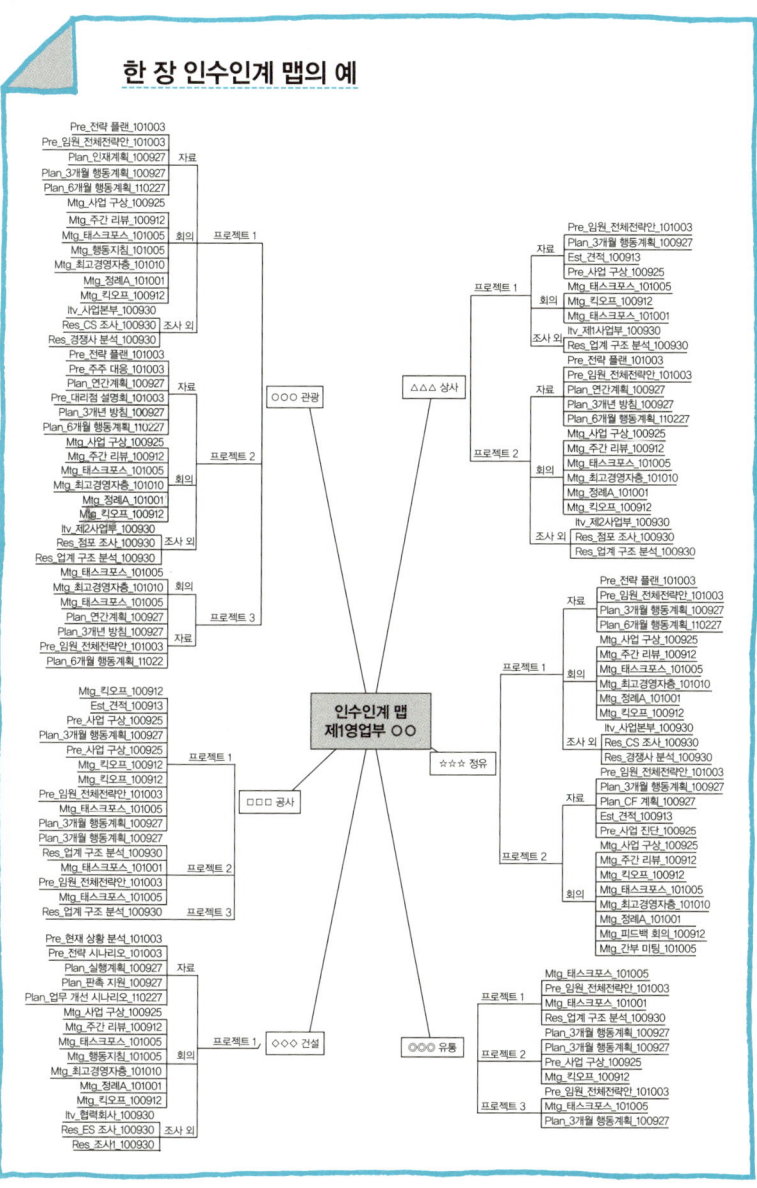

103
누구라도 한 번에 이해하는 한 장 인수인계 맵

한 장 인수인계 맵 만들기

| 먼저 컴퓨터에서의 문서 구조를 결정한다 |

한 장 인수인계 맵을 만드는 구체적인 방법을 알아보자.
한 장 인수인계 맵은 '컴퓨터상의 문서'와 '종이 문서'의 연동을 전제로 한다. 먼저 컴퓨터상 문서의 폴더와 파일 구조를 결정한다.

  한 장 인수인계 맵의 구조를 간단히 설명하면 이렇다. 예를 들어 자신이 영업 업무를 한다고 가정하면 주된 축은 '클라이언트', 다음 축은 '프로젝트'가 된다.

  영업 자료는 '누구의?=클라이언트', '무엇이?=프로젝트'가 어떻게 해서 어떻게 되었느냐는 과정에서 만들어진 것이다. 이것은 S쪽지의 구조와 같다. 클라이언트와 프로젝트라는 축을 기준으로 모든 자료를 연결하면 자료 하나하나를 일련의 이야기 흐름 속에서 파악할 수 있다.

    제1단계: AA001_클라이언트명

    제2단계: 프로젝트명

    제3단계: 범주명

    제4단계: 자료명

이런 구조가 된다. 클라이언트명 앞에 붙은 AA001은 고객 코드다. 그리고 제3단계에서는 같은 범주로 분류할 수 있는 자료를 묶어 범주화함으로써 단순히 자료명을 나열할 때보다 알기 쉬운 구조로 만든다.

이와 같이 자료를 4층 구조로 체계화해 종이 한 장에 정리하면 100개가 넘는 자료도 구조적으로 파악할 수 있다.

구조에 맞춰 종이 문서를 정리한다

다음에는 컴퓨터에서 한 장 인수인계 맵을 체크하면서 종이 문서를 정리한다. 책상 위에 종이 문서를 늘어놓고 하나하나 확인하면서 해당하는 범주에 자료명을 적어나간다.

이렇게 해서 완성된 한 장 인수인계 맵은 문자 그대로 문서의 지도가 된다. 한 장 인수인계 맵을 '지도'로 삼아 문서를 하나하나 취사선택한다. 내용이 겹치거나 불필요한 자료는 버리고, 새로운 자료나 폐기할 자료가 나오면 그때마다 한 장 인수인계 맵에 반영한다.

그리고 한 장 인수인계 맵의 구조를 기준으로 종이 문서를 정돈한다. 클라이언트별로 파일 박스를 준비해 문서를 넣는 등의 방법으로 자료를 정돈하는 것이다. 자료는 클리어파일이나 바인더에 보관한다. 이때 각 자료에는 아래 형식으로 명칭을 적는다.

클라이언트명(약칭)_프로젝트명(약칭)_파일명_날짜

이렇게 명칭을 적어두면 자료가 어딘가에 섞여도 보관해야 할 파일 박스를 찾아 금방 정리할 수 있다.

이런 식으로 문서를 정리하면 사무실이 깔끔해진다. 인수인계뿐만 아니라 개인적으로 이사나 집을 정리 정돈 때도 이 맵을 이용할 수 있다.

마인드맵 소프트웨어를 사용하자

마지막으로 인수인계 맵을 만들 때 편리한 마인드맵 소프트웨어를 몇 가지 소개한다.

| iMindMap www.thinkbuzan.com |

마인드맵 개발자 토니 부잔Tony Buzan이 공인한 유일한 마인드맵 소프트웨어이다. 다른 소프트웨어와 차별화되는 큰 장점은 바로 '화려한 이미지'이다. 마치 손으로 마인드맵을 그린 것 같은 풍부한 표현이 가능하다. 마인드맵을 사용한 프레젠테이션 등 폭넓게 활용할 수 있다.

| MindManager www.mindjet.com/products/mindmanager |

헤비유저용 소프트웨어로 기능이 충실하다. 시각적 이미지보다 기능과 작업 속도를 중시하는 사람에게 추천한다. 마이크로소프트 오피스 프로그램과 잘 연계되어 직장에서 사용하는 사람이 많다.

이 외에도 무료로 구할 수 있는 마인드맵 소프트웨어가 많다. 인터넷에서 'Free Mind Mapping Software'로 검색하면 다양한 소프트웨어가 나온다. 무료 소프트웨어도 기능은 충분하다. 먼저 마음에 드는 소프트웨어를 몇 가지 사용해보고 자신에게 맞는 것을 정해서 활용하자.

대표적인 무료 소프트웨어를 두 가지 소개한다.

| XMind www.xmind.net |

이 책의 한 장 인수인계 맵은 XMind로 만든 것이다. 마인드맵 이외에도 피시본 다이어그램과 스프레드시트, 트리 구조 등 다양한 정리 툴을 사용할 수 있는 점이 이 소프트웨어의 특징이다. 작성한 마인드맵을 피시본 다이어그램이나 트리 구조로 전개할 수도 있다.

| 알마인드 www.estsoft.co.kr |

국내 유저들에게 익숙한 알집, 알씨를 만든 이스트소프트에서 제작한

국내형 마인드맵 프로그램이다. 간단한 사용법과 독창적인 인터페이스, 다른 파일 형식과의 호환성이 장점으로 개인적인 마인드맵뿐 아니라 업무에도 효율적으로 사용할 수 있다.

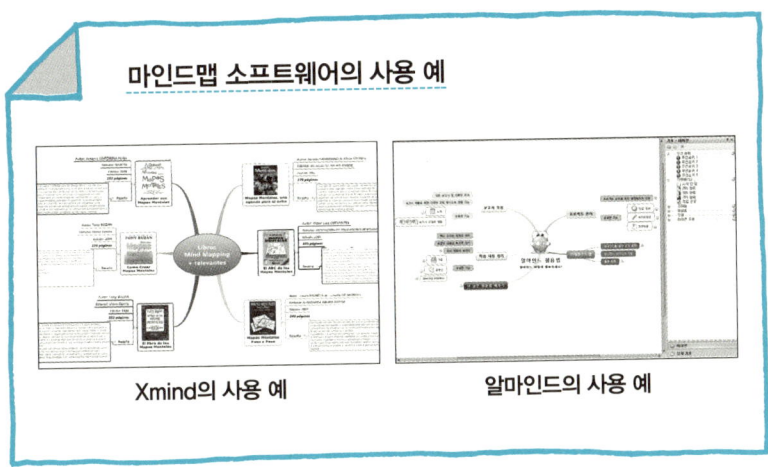

마인드맵 소프트웨어의 사용 예

Xmind의 사용 예 　　　알마인드의 사용 예

제5장
회의 시간을 확 줄이는 매핑 커뮤니케이션

일을 할 때 회의는 꼭 필요하지만, 개중에는
'이런 회의를 할 필요가 있나?' 하는 소리가 저절로 나오는 경우도 있다.
참가자 전원이 토론의 논점을 쉽게 공유하고
짧은 시간에 효과적으로
회의하는 방법을 소개한다.

"현명한 자는 원인에 관해 토론하고,
어리석은 자는 원인을 다수결로 결정한다."
_아나카르시스

지도가 있으면 토론이 핵심을 벗어나지 않는다

│ 업무 시간의 4분의 1을 회의에 쓴다 │

여러분은 회의나 미팅에 업무 시간을 얼마나 할애하는가? 예전에 대기업을 중심으로 한 50개 회사 직원을 대상으로 '업무 시간 중 회의나 미팅에 쓰는 시간은 어느 정도인가?'라는 설문 조사를 한 적이 있다. 그 결과 회의 시간은 평균적으로 전체 업무 시간의 26.5퍼센트였다. 이것이 높은 수치인지 낮은 수치인지는 논란의 여지가 있지만, 26.5퍼센트라는 숫자는 회사의 '이익'에서 중요한 의미를 지닌다.

잠시 계산해보자. 26.5퍼센트라고 하면 요컨대 업무 시간의 4분의 1이다. 대기업 중심의 조사였으므로 관리직의 급여를 연봉 1억 원으로 가정하면 한 명당 연간 2,500만 원이라는 비용을 회의나 미팅에 들이고 있는 셈이다. 설문 조사에 협력해준 기업 중에는 직원 수가 1만 명이 넘는 곳도 있었다. 만약 그중 20퍼센트가 관리직이라면 2,000명이다.

2,500만 원×2,000명=500억 원

이처럼 어마어마한 비용이 미팅이나 회의에 투자되는 것이다. 만약 회의나 미팅 시간이 5분의 1로 줄어든다면 100억 원이라는 이익이 생긴다. 그런데 대부분의 기업들은 이면지를 사용하고 형광등을 끄는 등의 작은 부분에는 신경 쓰면서도 회의나 미팅에 대해서는 비용이라는 인식이 부족하다.

게다가 이렇게 많은 시간을 들여 회의를 하면서 불만을 느낀 적은 없는가?

'매번 똑같은 이야기만 오가고 있어.'
'왜 이렇게 회의가 많지?'
'애초에 무슨 이야기를 하고 있는 건지 모르겠어.'
'논의가 핵심을 벗어났잖아.'

이런 불만은 회의를 주관하는 쪽이든 회의에 참석하는 쪽이든 누구나 가지고 있을 것이다.

| 의미 있는 회의를 위한 지도 |

그런 회의를 좀 더 원활히, 효율적으로 할 수 있는 방법은 없을까? 그래서 이 장에서는 미팅이나 회의, 상담 같은 커뮤니케이션의 밀도를 높이기 위한 방법을 소개하려 한다. 이 방법을 실천하면 시간은 절반으로 줄어들고 이야기는 간결하게 정리되어 비교적 쉽게 합의에 이르는, 한 단계 높은 커뮤니케이션을 실현할 수 있다.

이를 위해 소개하는 방법은 '매핑 커뮤니케이션'이다.

여기에서 매핑mapping은 맵map, 즉 지도를 만드는 것을 가리킨다. 자신과 상대방의 논점을 공유하기 위해 '이야기의 지도'를 만드는 것. 이것이 매핑 커뮤니케이션의 핵심이다.

116페이지에 소개한 그림을 보자. 바로 '매핑 회의'이다. 이 그림을 보면서 매핑 회의의 구조부터 살펴보자.

논의는 중앙에서 방사형으로 전개된다. 중앙에는 '질문', 즉 회의의 주제가 있다. 여기에서 바깥쪽으로 뻗은 화살표의 축이 '논점'이며, 각 축의 끝에 있는 박스에 논의한 내용을 기입한다. 그리고 논의 결과 논점별로 도출된 '답'을 박스에서 빠져나온 화살표 옆에 빨간 펜으로 적

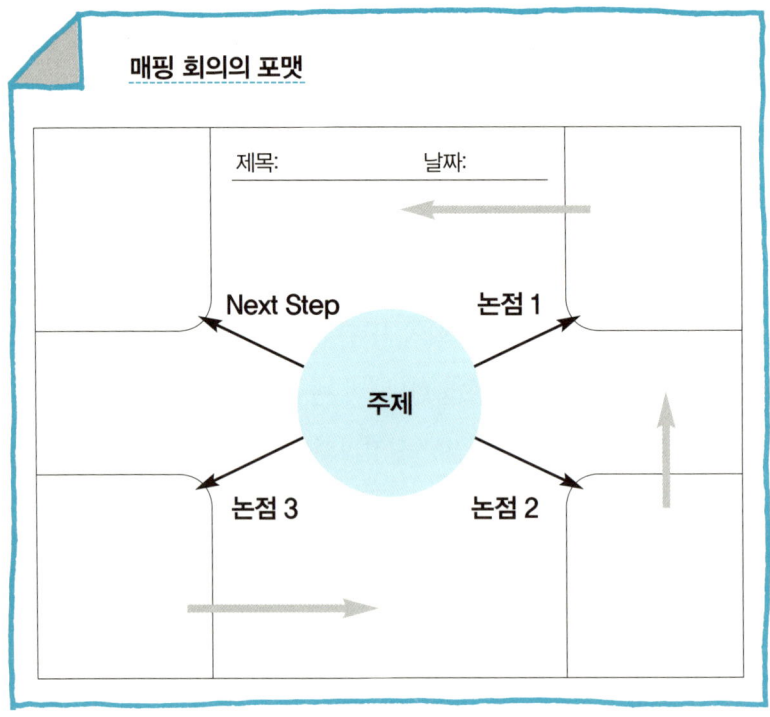

어 넣는다. 마지막으로, 도출된 결론을 'Next Step'에서 대책이나 실제 행동으로 실천한다(왼쪽 위의 박스).

이것을 정리하면 아래 흐름을 이룬다.

① 중앙에 주제(질문)

② 거기에 축이 되는 논점이 있고

③ 논점별로 논의가 전개되어

④ 결론이 도출된다

⑤ Next Step으로 구체화한다

　이 문서를 보면 회의에 참가하지 않은 사람도 회의의 주제가 무엇이고 몇 가지 논점이 있었으며 각각 어떤 결론에 이르렀는지 한눈에 파악할 수 있다.

　그러면 다음은 실제 사례를 이용한 활용법을 설명하기로 한다.

매핑 회의의
진행

매핑 회의는 어떤 식으로 전개되는지 살펴보자.
가령 신상품 프린터의 판매 전략 기획 회의를 한다고 가정하자. 회의 시작 시간은 10시, 제한 시간은 60분이다.

| 1단계: 어젠다 맵을 준비한다 |

회의에 앞서 어젠다 맵을 준비한다. 어젠다는 회의의 의제를 가리킨다.

119페이지의 그림처럼 한가운데에 '주제', 각 화살표 위에 '논점', 화살표 끝에 '논의'를 적기 위한 공간을 만들어놓는다.

이때 '논점'을 어떻게 배치하느냐가 중요하다. 오른쪽 위를 기점으로 중요도가 높은 논점부터 시계 방향으로 기입해나가자. 매핑 회의에서는 논점별로 논의 시간을 정한 다음 회의에 들어간다. 회의를 하다 보면 토론이 과열되어 너도나도 이야기할 시간을 더 달라고 요구하는 상황이 생기기 때문이다. 그러면 나중에는 시간이 모자라 나머지 논점은 다음 회의로 미뤄지기도 한다. 그래서 중요도가 높은 논점

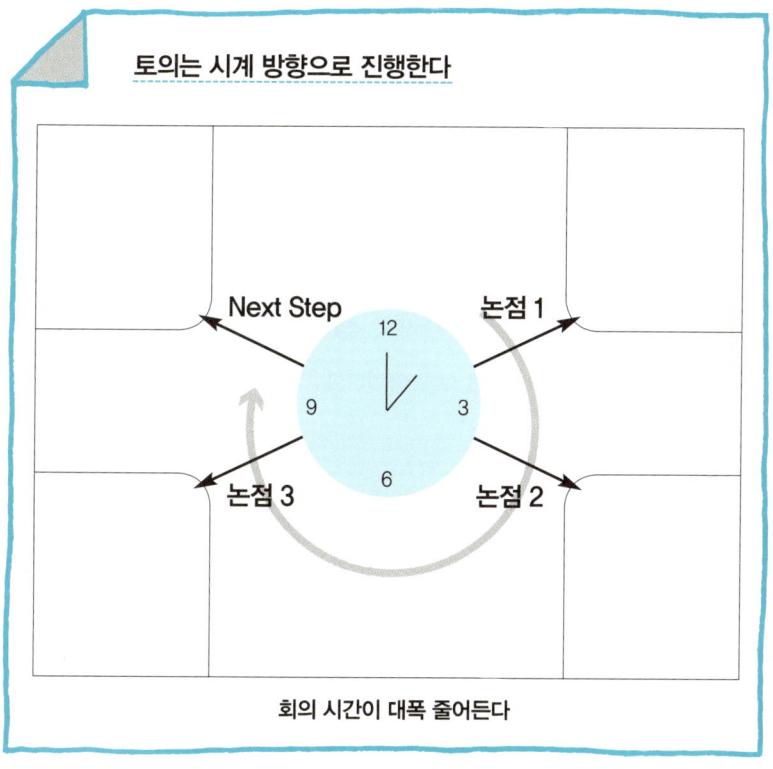

토의는 시계 방향으로 진행한다

회의 시간이 대폭 줄어든다

부터 시계 방향으로 배치하는 것이다.

그리고 중앙의 주제에서 위쪽으로 화살표를 그린 다음 커다란 박스를 하나 더 만든다. 이것은 '결론 박스'라고 하며, 최종 결론을 기입하기 위한 공간이다. 또 왼쪽 위의 박스에는 '우려 사항'이라는 박스도 만들어놓는다. 회의 도중에 앞으로 대처해야 할 우려 사항이 나오거나 이 자리에서는 논의하지 않지만 다른 기회에 논의를 하면 좋은 사항, 논의는 했지만 현시점에서는 결론이 나지 않는 사항 등은 이 박스 안에 정리한다.

이와 같이 회의의 종류에 따라 필요한 박스를 추가할 수도 있다.

주제: 신상품 프린터로 구 모델의 두 배에 이르는 매출을 올리기 위한 판매 전략은?

논점 1: 구 모델, 경쟁 상품과의 차별화 요소를 어떻게 고객에게 전할 것인가?

논점 2: 고객이 자연스럽게 "사고 싶어!"라고 생각하게 만드는 판매 캠페인의 핵심은 무엇인가?

논점 3: 영업망이 부족한 지역의 판매를 어떻게 강화할 것인가?

우려 사항

| 2단계: 논점별로 의견을 낸다 |

맵을 만들었으면 이제 회의를 시작하자. 다만 회의를 시작하기 전에

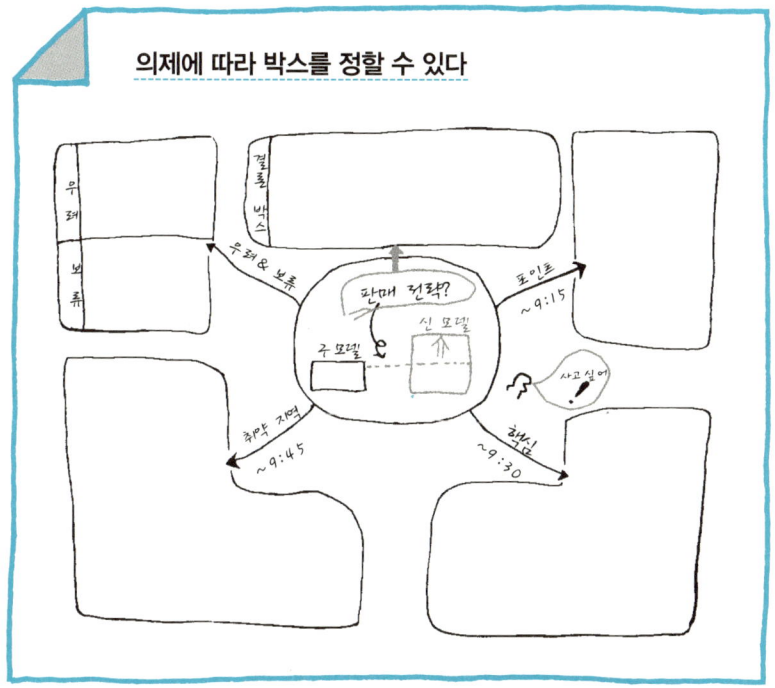

해야 할 일이 두 가지 있다.

첫째는 각 논점의 축 밑에 '시간'을 적어놓는 것이다. 어떤 논점에 관해 몇 시까지 결론을 내야 한다는 것을 의식하게 만들기 위한 조치이다. 이 사례에서는 논점별로 소요 시간을 15분으로 정하고 회의를 진행한다.

둘째는 참가자 전원에게 종이를 나눠주고 논점별로 자신의 의견을 적어 제출하게 하는 것이다. 이번처럼 논점마다 15분간 토의할 때는 2분 정도 자기 의견을 적는 시간을 할애한다. 이렇게 하면 회의 중에 의견이 활발하게 오가며, 아무 말 없이 앉아만 있는 사람도 없어진다. 또 다른 사람의 의견에 끌려가 자신의 의견을 잊어버리는 일도 사라진다. 한 사람 한 사람이 자신의 의견을 가지고 토론에 임할 수 있다.

이를 통해 모은 의견은 화이트보드에 적는다. 그리고 어느 정도 의견이 나왔으면 그 의견을 바탕으로 토론을 진행하고 토론 내용을 또 다시 화이트보드에 정리한다. 이 사례에서는 논점 1인 '고객에게 전할 판매 전략은 무엇인가?', '어떻게 전할 것인가?'라는 두 가지를 정리했다.

토론 결과, '기능'과 '이점'을 판매 전략의 포인트로 정하고 이 두 가지 축에서 의견을 정리하게 되었다.

또 '고객에게 어떻게 전할 것인가?'에 관해서는 아래와 같은 과제가 부각되었다.

- 전달 내용을 최소화해야 한다.
- 팸플릿 등 인쇄물을 이용한 전략과 인터넷을 이용한 전략, 각각 무엇에 초점을 두고 판촉 활동을 벌일지 검토한다.
- '고객이 차이점을 알기 어렵다'라는, 프린터라는 제품 자체가 가진 문제를 어떻게 해결할 것인가?

그리고 이러한 논의에 입각해 '단순해야 한다'가 전달 방법의 키워드로 정해졌다.

아래의 그림을 보면 알 수 있듯이 여기에는 긴 문장이 아니라 키워드만을 적는다. 키워드만 적으면 한눈에도 그 내용을 파악할 수 있으며, 다른 의견과의 연관성을 쉽게 알 수 있으므로 회의의 이해도와 속도가 향상된다.

이런 식으로 논점별로 논의를 진행한다. 회의 도중에 우려 사항이

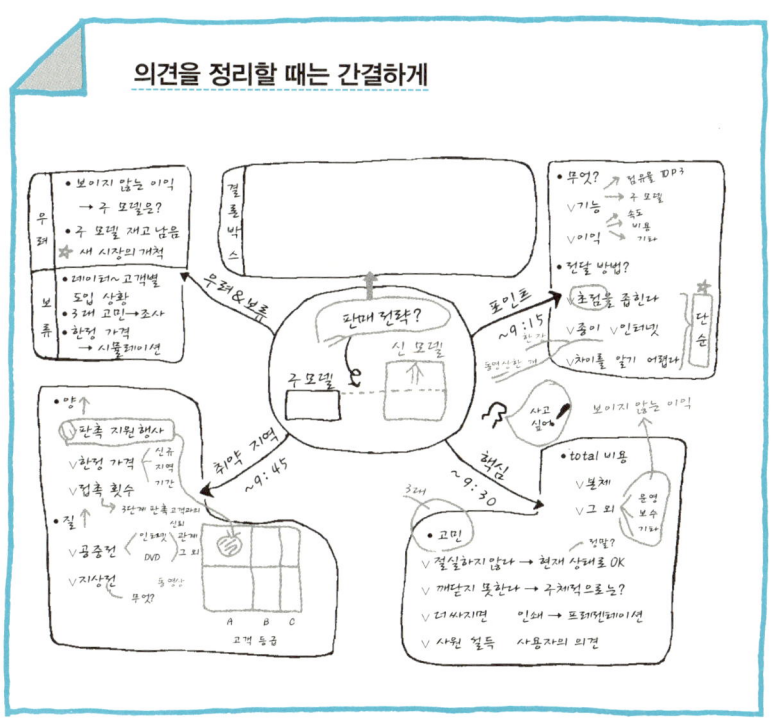

의견을 정리할 때는 간결하게

나 다시 검토할 필요가 있는 사항이 나오면 일단 '우려', '보류' 박스에 넣는다. 가령 신 모델에 대해 제품의 기능이나 가격 이외의 '보이지 않는 이익'을 강조할 경우, 구 모델을 구입한 고객이 자신들에게도 보이지 않는 이익을 돌려달라고 항의하지 않을까 걱정된다면 우려 박스에 넣어둔다.

이렇게 하면 회의 내내 한 가지 논점만 다루다 결국 회의 시간이 다 되어 다른 논점은 꺼내지도 못하는 사태를 막을 수 있다.

3단계: 논점별로 결론을 결정한다

그리고 논의가 정리된 논점부터 순서대로 결론을 이끌어낸다.

논점 1인 판매 전략 포인트에 관해서는 '전할 내용을 종이 한 장, 동영상 한 편으로 압축해 고객에게 간결하게 전한다'라는 결론이 나왔다.

논점 2인 판매 전략에 관해서는 고객이 깨닫지 못하고 있는 '보이지 않는 이익'과 '3대 고민'을 부각하고 그 부분에 초점을 맞췄다.

논점 3인 영업망이 부족한 취약 지역의 대응으로는, 고객 등급 A이지만 충성도가 높지 않은 고객에 대해 본사에서 해당 지역을 찾아 적극적인 판촉 지원 행사를 벌인다는 결론에 이르렀다.

그리고 마지막으로 이번 판촉 활동의 표어는 '초점1 to 3'로 정했다.

먼저 판촉 도구는 종이 한 장과 동영상 한 편으로 압축한다. 이것이 초점 '1'이다.

그리고 이 종이 한 장과 동영상 한 편이라는 단순한 판촉 도구를 통해 고객이 자연스럽게 '사고 싶다'는 마음이 생기도록 내용을 전달한다. 구체적으로는 아래와 같다.

① 보이지 않는 이익의 발견. "사실 이번에 나온 새 프린터는 기능도 최신이지만, 가장 큰 핵심은 '보이지 않는 이익'이 생긴다는 점입니다. 예를 들어……"라는 식의 홍보를 전개한다.

② 3대 고민의 해결. "고객 여러분의 목소리를 귀담아들은 결과, 프린터에 관한 세 가지 고민을 알게되었습니다. 실제로 이 제품을 이미 구입한 고객은 우리의 이러이러한 고민이 해결되었다고 말씀하셨습니다. 그리고……"라는 내용을 전개한다.

③ 판촉 지원 행사 전개. "본사에서 전문 스태프가 고객 여러분을 찾아가 프린터와 파일링 시스템의 연동, 프레젠테이션을 할 때 프린터를 효과적으로 활용하는 방법 등을 설명하고 시연해 드립니다. 이 체험을 통해 프린터 구입 후 업무 효율이 급속도로 상승합니다. 구체적으로는……"라는 내용을 전한다.

4단계: Next Step의 설정

이 회의의 결론에 입각해 다음에는 무엇을 할지 명확히 한다.

이 사례에서는 판촉의 초점으로 다음 세 가지가 부각되었다.
① 보이지 않는 이익을 고객이 알기 쉽게 전할 수 있도록 수치로 산정한다.
② 3대 고민에 관해 그것이 무엇인지 조사를 한다.
③ 판촉 지원 행사와 관련해 본사 스태프의 일정을 조정한다.

이 세 가지를 Next Step에서 명확히 한다.

회의는 여기에서 끝난다.

회의가 끝나면 눈앞의 화이트보드에는 어떤 주제를 논의했고 논점별로 어떤 논의가 진행되었으며 최종적으로 어떤 결론이 나왔는지, 그리고 앞으로 무엇을 해야 할지가 일목요연하게 드러난다.

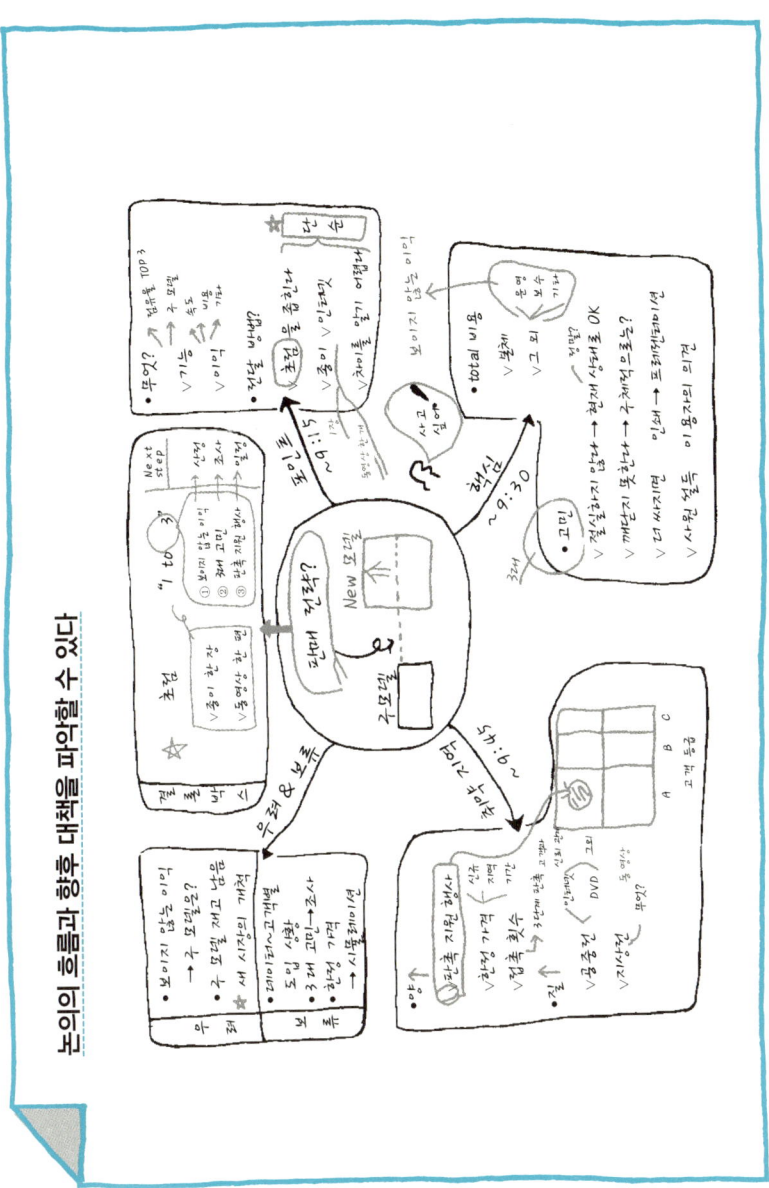

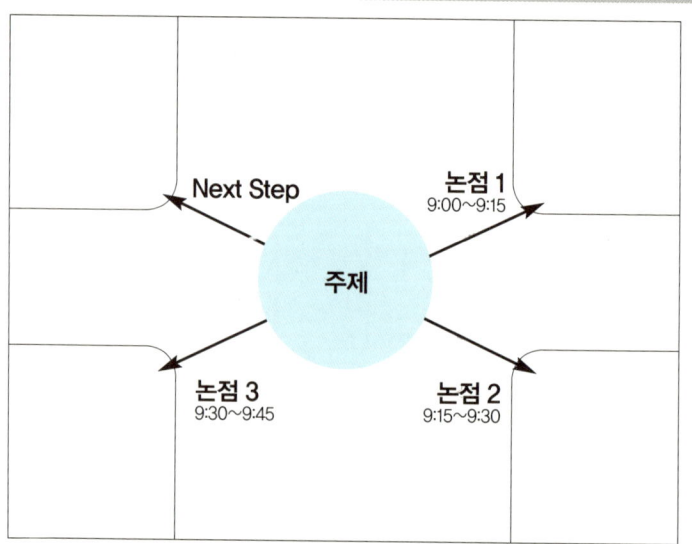

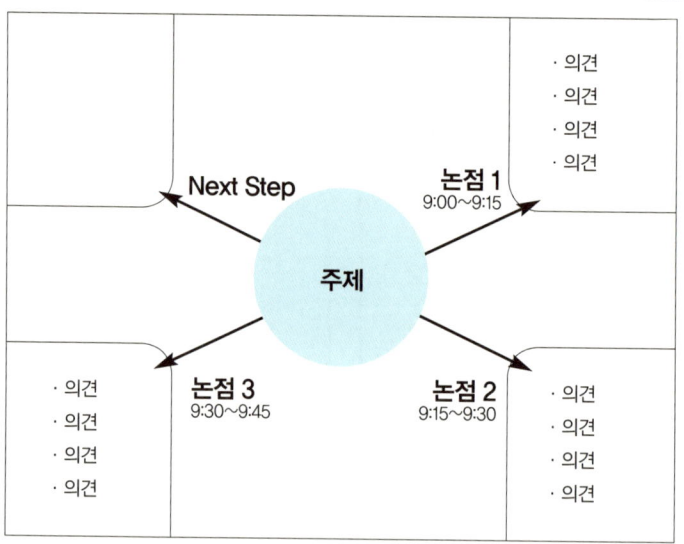

Step 3

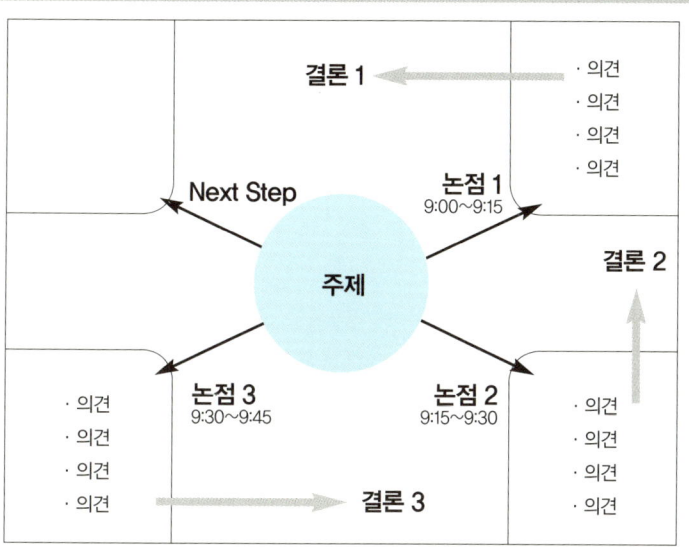

Step 4

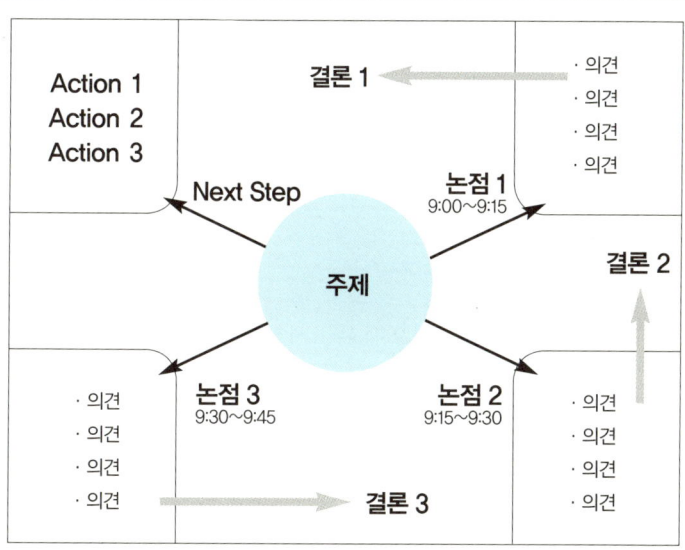

왜
맵이 필요한가?

NHK에 입사한 신입 아나운서들은 연수 첫날에 '길 안내' 교육을 받는 것으로 유명하다. NHK 아나운서를 거쳐 대중문화 평론가이자 집필가로 활약하는 요시다 다카요시吉田たかよし는 이렇게 말했다.

"첫날은 하루 종일 지도 설명과 길 안내에 할애되었습니다. (…) 길 안내 연수를 통해 타인에게 정보를 전할 때 듣는 사람 입장이 되려 노력하는 것이 얼마나 중요한지 배웠습니다."

-《유능한 사람은 지도 사고를 한다できる人は地圖思考》요시다 다카요시, 닛케이BP사)

왜 길 안내일까? 길 안내는 자신의 머릿속에 있는 지도를 상대방에게 말로 설명하며, 그 그림을 공유해야 하는 어려운 작업이다. 따라서 정리되지 않은 정보를 전달하는 표현력을 단련하기에 안성맞춤이다.

그러나 말로 설명하려면 막막하던 것도 지도가 있으면 쉽게 길을 설명할 수 있다. 이것은 회의나 미팅도 마찬가지이다. 이야기의 맵을 가지고 있으면 아래와 같은 이점이 있다.

- **회의의 논점이 흐려지지 않는다**

이야기를 진행하다 보면 도중에 본론에서 벗어나는 경우가 종종 있다. 그럴 때 맵의 '논점'을 가리키며 "현재의 논점은 ××입니다"라고 지적해 곧바로 논의를 정상 궤도로 되돌릴 수 있다.

- **동영상을 재생하듯이 회의를 되돌아볼 수 있다**

회의록을 다시 읽어봐도 일주일 전 회의에서 무슨 이야기를 했는지 기억이 나지 않는 경우가 많다.

그러나 매핑 회의를 하고 나면 회의가 끝날 무렵 참석자 모두가 이렇게 간결하게 설명할 수 있다.

> "오늘 회의는 ○○이라는 주제에 관해 이야기를 나누었으며 결론은 ××였습니다. 구체적으로는 세 가지 논점에 관해 이야기를 나눴습니다."

첫 번째 논점은 ▲▲이었으며, 이런 논의가 진행되어 ㅁㅁ라는 결론이 나왔습니다.

이어서 두 번째 논점은…….

이상을 정리하면…….″

게다가 기억하기도 쉽다. 지도를 보면 회의하는 동안 오고 간 정보가 모두 적혀 있기 때문이다. 회의록 지도를 보면 동영상을 재생하듯이 회의 모습이 현장감 넘치게 되살아난다.

● **회의 시간이 확 줄어든다**

매핑 회의를 도입하여 회의 시간이 줄었다거나 회의 시간을 조절할 수 있었다는 이야기를 많이 듣는다. 예를 들어 시간이 절반밖에 남지 않았는데 회의는 겨우 4분의 1만 진행됐을 경우 회의를 빠르게 진행하든가 회의의 초점을 압축하는 등의 방법으로 회의 속도를 조절할 수 있기 때문이다. 또 논점별로 시간을 구분하므로 참석자 모두가 논점 하나하나에 집중하며 토의를 효율적으로 할 수 있다.

● **참석자 모두의 의견을 들을 수 있다**

매핑 회의에서는 각 논점의 토론에 들어가기 전, 반드시 참가자 전원이 자신의 의견을 종이에 적어 제출한다. 그리고 그 의견을 전부 화이트보드에 적는다. 이렇게 하면 빠지는 사람 없이 모두의 의견이 공유된다. 조금 번거롭지만, 사람은 자신이 의견을 내며 회의에 참가할 때 비로소 회의에서 결정된 사항을 행동에 옮기기 마련이다.

● **사물을 구조화해 생각하는 힘을 키울 수 있다**

매핑 회의의 특징은 회의에서 논의한 내용이 항상 구조화된다는 점이다. 한가운데에서 방사형으로 논의가 전개되며, 마지막에 결론이 나온다. 한가운데가 '주제', 축이 '논점', 박스 안이 '논의', 그리고 '결론'이라는 구조화된 사고가 전개된다. 그 결과 회의 참석자들은 사물을 구조화해 생각하는 힘을 키울 수 있다.

| 커뮤니케이션의 목적은 무엇인가? |

이 매핑 회의의 구도는 다른 커뮤니케이션에서도 다양하게 사용할 수 있는 만능 포맷이다. 상담이나 인터뷰 등에서도 성과를 올릴 수 있다. 모든 커뮤니케이션의 목적은 '질문에 답하는 것'이기 때문이다.

가령 정보 공유가 목적인 회의를 생각해보자. 어떤 주제(질문)에 관해 모르는 정보(답)를 공유한다. 또 브레인스토밍도 어떤 주제(질문)에 관해 모두가 의견을 내면서 아이디어(답)를 찾아내는 것이 목적이다.

그래서 맵의 중앙에는 반드시 '질문'을 설정한다. 그런 다음 질문에서 파생된 몇 가지 논점을 준비하고 논점별로 커뮤니케이션을 진행하여 결론을 이끌어내며, 최종적으로 답을 공유하는 것이다.

제6장
정리와 전달의 달인이 되는 세 가지 포맷

장황한 문서를 읽고 싶은 사람은 없다.
그런데 생각은 그렇게 하면서도 막상 문서를 만들면
내용이 장황해져 상대방에게 환영받지 못하는 경우가 많다.
여기에 소개하는 포맷을 이용하면
모든 문서가 한 장에 깔끔하게 정리된다.

"국가를 불문하고 사실에 바탕을 둔
논리적 사고만큼 도움이 되는 것은 없다."
_오마에 겐이치

도요타식 커뮤니케이션
'지금 여기에서 설명하라!'

지금까지 다양한 ONE PAGE의 정리 포맷을 소개했다. 이미 여러 기업에서는 종이 한 장에 정리하는 방식을 도입해 활용하고 있다. 그 대표적인 예가 '도요타의 A3'이다. 도요타Toyota Motor Corporation에서는 다음 페이지의 그림처럼 보고서를 A3 용지 한 장에 정리한다. 종이 한 장에 '배경', '현재 상황', '목표', '과제', '해결책', '계획'이라는 여섯 가지 요소를 담아 이처럼 일관성 있게 설명한다.

"현재의 상황은 이렇습니다. 이런 상황이 된 데는 이러한 배경이 있습니다. 현재 상황과 그 배경에 입각해 저는 이것이 과제라고 생각했습니다. 그리고 그

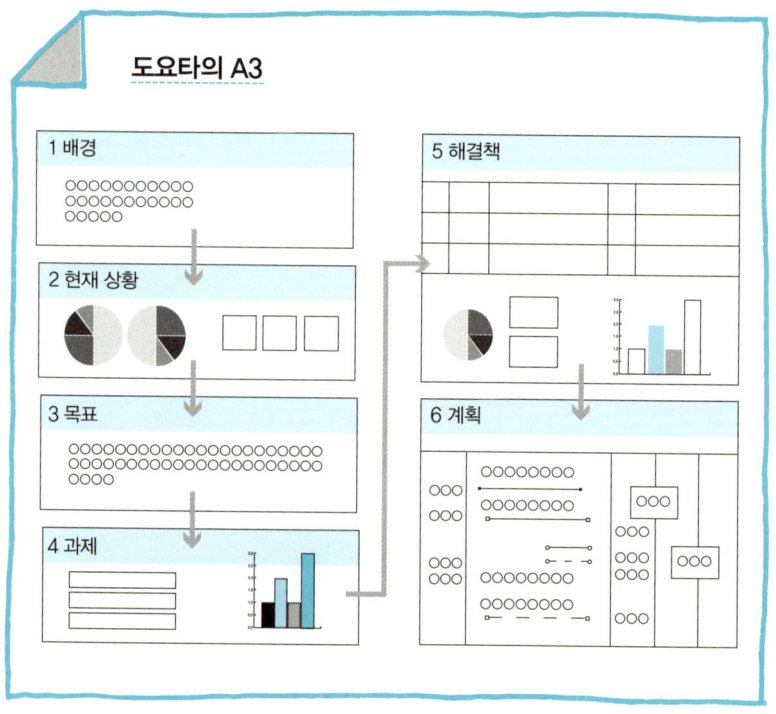

"과제에 대한 해결책을 검토한 결과가 A안입니다. 구체적인 계획은 이와 같습니다."

도요타의 보고서를 상징하는 일화가 하나 있다.

도요타 생산방식의 실천과 개선, 보급에 힘쓰는 주식회사 컬맨CUL-MAN Co.,Ltd.의 대표 와카마쓰 요시히토若松義人는 저서 《도요타의 사원은 책상에서 일하지 않는다》에서 이런 일화를 소개했다.

"지금 이 자리에서 모든 것을 설명해주게."

이것은 도요타 자동차 창립자인 도요타 기이치로豊田喜一郎가 한 말이다. 미국의 자동차 산업을 시찰하고 돌아온 연구원이 자세한 내용은 보고서로 정리해서 제출하겠다고 하자 이렇게 말한 것이다. 그가 요구한 것은 나중에 시간을 들여서 문장으로 만든 보고서가 아니라 그 자리에서 핵심을 전달하는 구두 보고였다.

무엇인가를 구두로 간결하게 전하려면 자신의 생각이 정리되어 있어야 한다. "그러니까 결국 하고 싶은 말이 무엇인가?", "좀 더 논리적으로 이야기해주지 않겠나?"라는 말을 듣지 않으려면 상대방의 머릿속에 '이야기 지도'를 그릴 수 있을 만큼 전하고 싶은 내용이 자신의 머릿속에서 정리되어 있어야 한다. 나중에 보고서로 정리해서 제출하겠다는 말은 그 시점에는 정리가 되어 있지 않다는 의미이다.

만약 그때 그 연구원이 종이 한 장을 건네며 "이 한 장에 전부 정리되어 있다"고 간결하게 보고를 했다면 어땠을까? 창립자가 나중에 보고서를 읽기 위해 다시 시간을 낼 일도, 연구원이 그 후 보고서를 정리하느라 많은 시간을 들일 필요도 없었을 것이다.

이런 식으로 항상 그 자리에서 논리적인 보고서나 기획서를 막힘없이 만들 수 있다면 업무 효율이 얼마나 높아질까? 여기에서는 현장에서 논리적인 보고서를 만들기 위한 '세 가지 논리적 사고의 포맷'과 이것을 정리하기 위한 '1·2·3맵'을 소개한다.

논리적 전달을 위한
세 가지 포맷

먼저 논리적 사고의 포맷에 관해 설명하려 한다. 서점에 가면 논리적 사고를 가르쳐주는 책은 많다. 그 방법론도 책의 가짓수만큼 많은데, 그중에서 나는 세 가지를 추천한다. 이 세 가지만 알고 실천하면 말하고 싶은 것이 무엇이든 타인에게 전하는 데 부족함이 없다.

| 논리 삼 형제 이야기 |

옛날 옛적에 '논리 삼 형제'라고 불리는 사이좋은 형제가 있었다. 이 삼 형제는 항상 논리적으로 말했는데, 각자 다른 이야기의 포맷을 가지고 있었다.

- **첫째는 하나의 메시지**

 첫째는 항상 이야기를 하나의 메시지로 정리해 말한다. 예를 들어 《바나나 다이어트》라는 책을 읽은 감상을 물어보면, "이 책의 메시지는 바나나를 먹으면 살을 뺄 수 있다는 거야"라고 간결하게 말한다.

- **둘째는 2W1H**

 둘째는 2W1H의 포맷에 맞춰 이야기한다. 《바나나 다이어트》를 읽은 감상을 물어 보면, "이 책이 무엇What을 이야기하는가 하면 바나나를 먹어서 살을 빼는 방법이야. 왜Why 바나나를 먹으면 살이 빠지는가 하면, 그 이유는……. 그리고 구체적으로 무엇How을 하면 되냐면……"이라는 식으로 'What무엇?', 'Why왜?', 'How어떻게?'라는 2W1H의 포맷에 맞춰 설명한다.

- **셋째는 세 가지 법칙**

 셋째는 세 가지 법칙에 따라 이야기한다. 셋째에게 《바나나 다이어트》를 읽은 감상을 물어보면, "이 책의 포인트는 세 가지입니다"라든가 "이 책이 다른 책과 다른 점은 세 가지입니다"라든가, "이 책을 추천하는 이유는 세 가지입니다"라는 식으로 무조건 세 가지로 압축하여 대답한다.

- 하나의 메시지
- 2W1H
- 세 가지 법칙

이 세 가지 포맷만 알고 있으면 생각을 정리하기가 매우 편하고 다른 사람에게도 내 생각을 이해하기 쉽게 전할 수 있다. 이 포맷을 바탕으로 시작하면 어떤 보고서나 기획도 ONE PAGE로 정리할 수 있다.

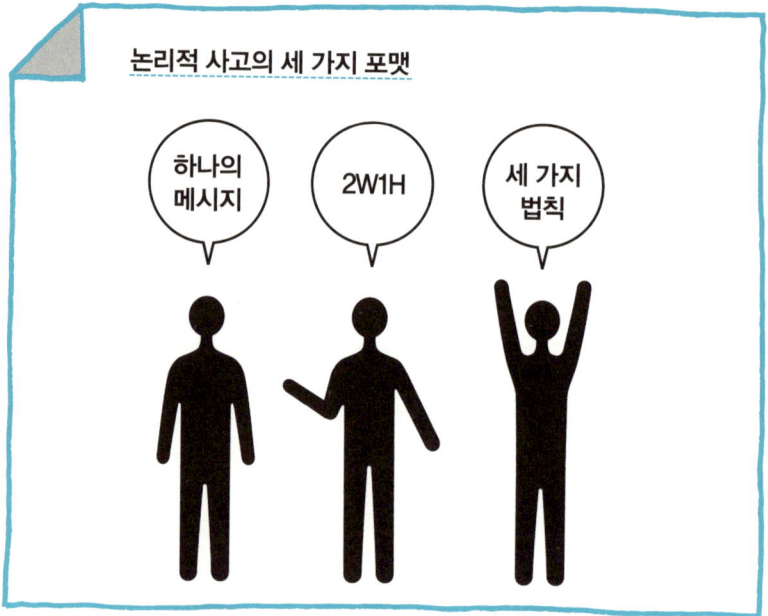

복잡한 것도
쉽게 전달하는 방법
1·2·3매핑

그러면 당장 종이에 정리를 시작하자. 나는 이 방법에 '1·2·3매핑'이라는 이름을 붙였는데, 그 모습은 144페이지의 그림과 같다. 여기에서 1·2·3은 앞에서 설명한 하나의 메시지, 2W1H, 세 가지 법칙의 머리글자이다. 보고나 제안 등을 '하나의 메시지', '2W1H', '세 가지 법칙'에 따라 전달한다.

| 1·2·3맵의 구성 요소 |

먼저 이야기의 핵심이 되는 하나의 메시지를 한가운데 놓고 그 주위에 2W1H의 박스를 각각 만든다. 박스마다 3항목씩 적어 넣기 바란

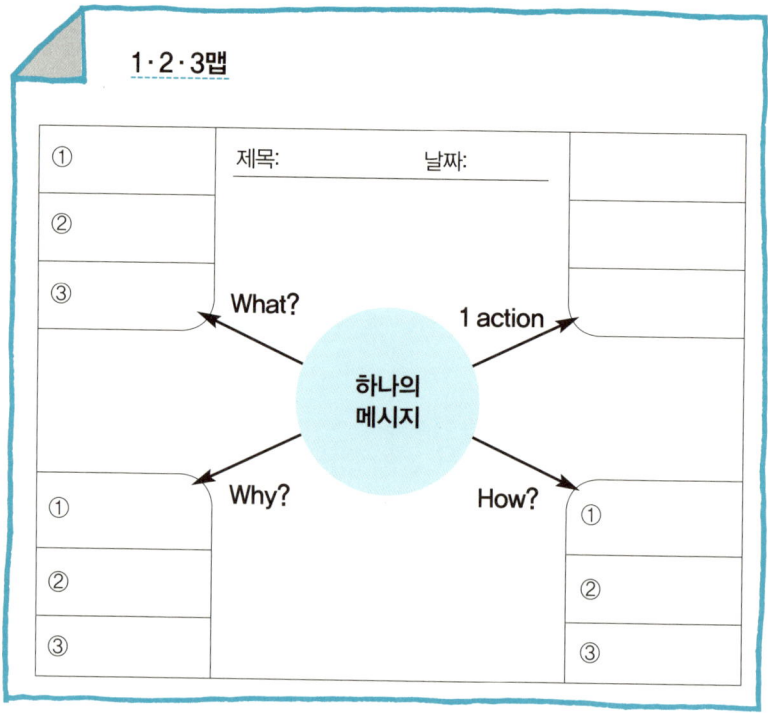

다. 그리고 오른쪽 위에는 1 action이라는 박스를 만든다. 이것은 기획 등을 제안할 때 상대방에게 요구하고 싶은 점을 명확히 하기 위한 항목이다. 기획서의 목적은 무엇일까? 상대방을 행동하게 만드는 것이다. 그러므로 기획서의 설명을 듣고 "그러니까 일단 뭘 하면 되지?"라고 묻는 상대에게 "먼저 이것을 해주십시오"라고 말해야 하는 한 가지 행동을 명확히 할 수 있다.

그러면 실제 사례를 통해 1·2·3매핑의 활용 방법을 살펴보자. 여러분이 인사 담당 부서에 소속되어 있으며, 회사가 향후의 방침으로 내건 '자율형 인재의 육성'에 관한 기획안을 제출하게 되었다고 가정하자.

| 하나의 메시지 |

'깨달음 메모'와 '실천 목록'을 매일 실천하여 지시를 기다리는 사원에서 자율형 인재로 거듭나자.

| 2W1H |

What 이 제안은 무슨 내용인가? 요점은 세 가지이다.

① 매일 머릿속에 떠오르는 생각을 '깨달음 메모'에 적는다. 의문점이나 개선점, 아이디어 등이 떠오르면 아무리 사소한 것이라도 '깨달음 메모'에 적는다.

② 깨달음 메모를 보고 매일 실천한 일을 '실천 목록'에 기입한다.

③ '깨달음 메모'와 '실천 목록'을 습관화하면 깨닫는다→행동의 변화→실천한다→깨닫는다→……라는, 깨달음을 기점으로 의식과 행동이 변화하는 선순환 사이클을 만들 수 있다.

Why 왜 이 제안을 하는가? 이유는 세 가지다.

① 간단하기 때문이다. 깨달은 점과 실천한 일을 기록하기만 하면 되므로 누구나 쉽게 실행할 수 있다. 바쁜 일상에 큰 부담 없이 실행할 수 있다.

② 간단하면서도 '깨달음'과 '의욕'을 활성화하여 수익 창출의 잠재력이 생긴다. '깨달음 메모'를 통해 개선의 여지도 늘어나고 '깨달음'의 감도가 높아진다. 그 결과 수익 창출의 잠재력이 커진다.
'실천 목록'은 작은 변화의 발자취이다. '실천 목록'의 수만큼 자신에게 만족하고, 자신의 성장을 실감할 수 있게 되어 의욕이 생기고 스스로를 중요한 사람으로 여기게 된다.

③ 자율형 인재가 탄생한다.
'깨달음'이나 '실천한 일'을 기록함으로써 자신이 맡은 업무 과제와 성과를 객관적으로 볼 수 있다.
지시받은 일만 하는 사람은 행동을 바꾸지 못한다. 스스로 깨달아야 자신의 의지로 행동을 바꿀 수 있다. 깨달음 메모를 통해 자신이 깨달은 점을 습관화한다. 실천 목록을 통해 자신이 할 수 있는 일을 객관적으로 바라볼 수 있다. 그리고 이를 통해 스스로 깨닫고 바뀌게 되므로 지시받기 전에 자주적으로 행동을 바꿔나갈 수 있는 '자율형 인재'가 늘어난다.

정리하면, 간단하게 실천할 수 있는 '깨달음 메모'와 '실천 목록'이 의욕의 감도와 수익 창출의 잠재력을 높이고 '자율형 인재'로 성장하는 토양을 만들 수 있다.

이것이 제안하는 이유이다.

How '깨달음 메모'와 '실천 목록'의 활용 방법을 설명한다.

① 기억보다 '기록'을 철저히 한다.
② 질보다 '양'을 중시한다.
③ 경영 간부가 표창하는 등의 피드백을 한다.

구체적으로 설명하면
① '깨달음 메모'와 '실천 목록'을 매일 기록한다. 그리고 '깨달음 메모'는 각 부서의 깨달음 박스에, '실천 목록'은 책상 위에 놓고 퇴근하도록 습관화한다.
② 당장은 깨달음의 질이나 실천한 일의 질을 따지지 않고 양에만 초점을 맞춘다. 예컨대 "이 깨달음은 발상이 좋지 않아"하며 깨달음의 질을 평가하는 일이 없도록 한다. 포인트 카드의 포인트를 쌓듯이 '깨달은 수', '실천한 일의 수'만 평가한다.

③ 한 달에 한 번 '깨달음'과 '실천한 일'의 수를 집계해 각 부와 개인별로 표창한다. 그리고 '깨달음 메모'나 '실천 목록'을 실천하는 과정에서 생긴 일화에 관해 매달 간부가 그 활동의 의의를 모든 사원에게 피드백한다.

| 1 action |

이 제안을 통해 먼저 시작하고자 하는 한 가지 행동은 '깨달음 메모지와 펜을 셔츠 주머니에 넣고 다니는 것'이다. 무엇인가를 깨달은 순간 바로 기록하는 행동을 습관화하는 것부터 시작한다.

처음부터 무턱대고 문서를 만드는 것이 아니라, 149페이지처럼 필요 항목을 미리 적어놓으면 준비 시간도 단축되고 제안도 원활히 할 수 있다.

여러분도 세 가지 포맷의 습관을 통해 언제 어디서나 1·2·3매핑을 활용해보기 바란다.

1·2·3맵의 기억 예

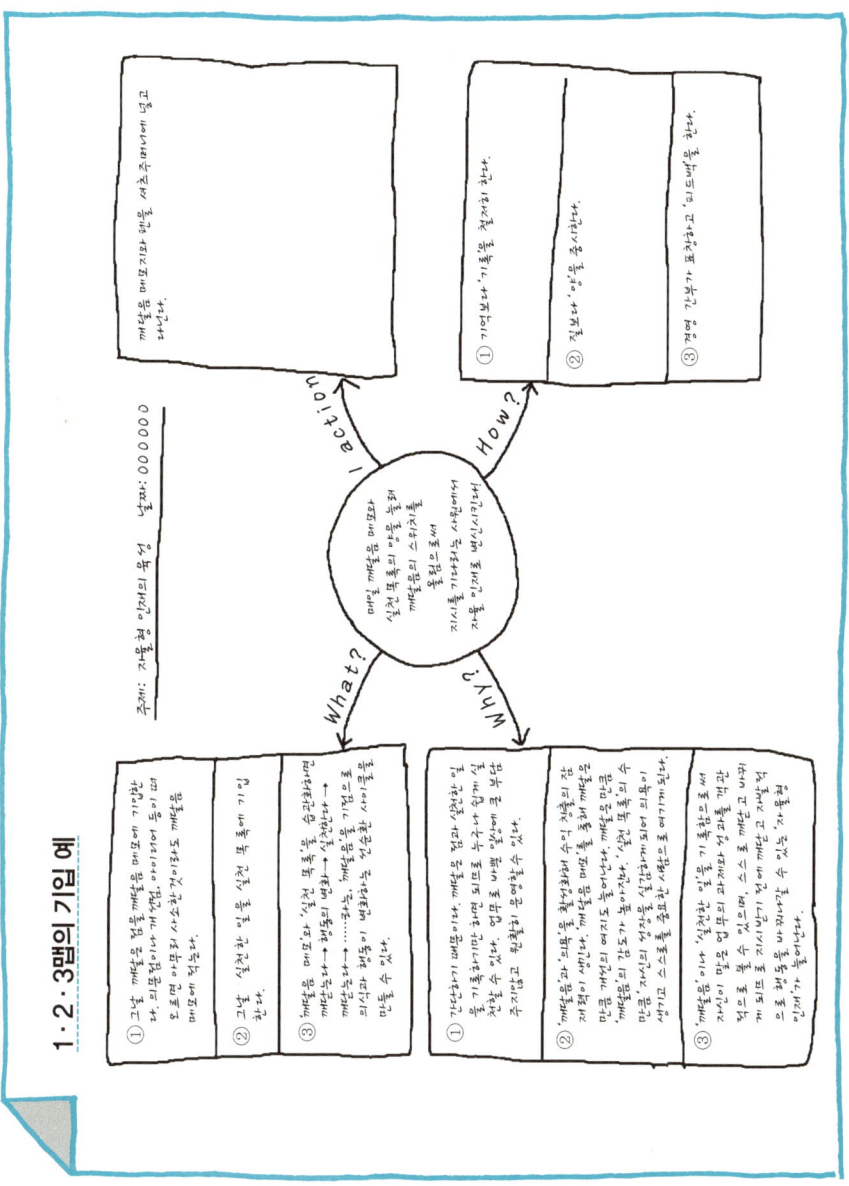

제7장
사람을 움직이는 이야기 프레젠테이션

자료를 정리하는 것도 중요하지만,
간결하게 정리만 잘한다고
반드시 상대에게 그 의미가 전해지는 것은 아니다.
상대를 매료시키는 전달 방법으로 간결한 자료와
표정이 풍부한 프레젠테이션을 실현한다.

"메시지는 전달하는 것이 아니라
타인을 움직이는 것이다."
_ 스티브 잡스

스토리가 있으면
설득력이 생긴다

드디어 마지막 장이다. 여기에서는 상대의 마음을 움직이는 프레젠테이션 방법을 소개하려고 한다.

여러분은 타인의 이야기에 자기도 모르게 빨려들 때 어떤 요소에 매료되는가? 화술이라고 말하는 사람도 있겠지만, 그보다 중요한 것은 '스토리'다. 애플의 최고경영자CEO였던 고故 스티브 잡스Steve Jobs의 프레젠테이션은 너무나 유명하다. 그는 당당한 태도, 말과 말 사이의 침묵을 이용하는 절묘한 감각, 상품을 매력적으로 소개하는 테크닉을 모두 갖췄었다. 그러나 청중이 스티브 잡스의 프레젠테이션에 매료된 더 큰 이유는 그의 프레젠테이션에 스토리가 있었기 때문이다. 예를 들어 애플에서 아이폰을 발표했을 때 잡스는 이렇게 말했다.

"오늘 애플이 전화를 재발명한다."

위의 문장을 접하는 순간, '그게 무슨 말이지?'라는 생각이 절로 든다. 전화를 재발명한다는 것이 무슨 의미인지, 기존의 전화와 무엇이 다른지 자기도 모르게 묻고 싶어진다. 애플이 단순한 디자인에 집착하는 이유, 제품에 담은 메시지, 그리고 이러한 스토리가 있기에 잡스의 프레젠테이션에는 설득력이 있었다.

잡스뿐만 아니라 세계적으로 유명한 경영자나 기업인은 자신들의 제품이나 경영 방식에 스토리를 부여해 사람들을 매료시키는 솜씨가 매우 뛰어나다. 그래서 이 장에서는 스토리로 사람을 움직이는 방법을 생각해보려 한다. 이를 위해 필요한 것이 스토리를 만드는 프레젠테이션, 바로 '이야기 프레젠테이션'이다. 이 포맷에 따라 자료를 만들고 프레젠테이션을 하면 분명 지금보다는 훨씬 뛰어난 결과를 낼 수 있다.

이야기 프레젠테이션의
다섯 가지 포인트

이야기 프레젠테이션의 효과를 강조하다 보면 애초에 '이야기, 스토리란 뭐지?'라고 본질에 대해 묻는 사람이 많다. 그래서 먼저 이야기 프레젠테이션의 개요를 설명하려 한다.

| 텔레비전과 영화는 최강의 프레젠테이션 |
스토리를 생각할 때 참고로 삼아야 할 것은 영화와 텔레비전이다. 영화나 텔레비전은 말하자면 화면을 보고 있는 모든 사람을 향한 프레젠테이션이다. 그러므로 사람을 매료시킨다는 면에서 가장 먼저 배워야 하는 대상이다.

나는 텔레비전이나 영화를 볼 때 항상 '16분할 메모'에 이야기의 전개를 기록한다. 그러다 보니 모든 방송, 영화에 정해진 패턴이 있다는 것을 알 수 있었다. 대하사극 드라마도 그렇고, 직업 다큐멘터리나 인물 다큐멘터리, 맛집 소개 프로그램도 모두 정해진 포맷이 있었다. 그리고 그 정해진 포맷을 활용한 도구가 바로 이야기 프레젠테이션이다.

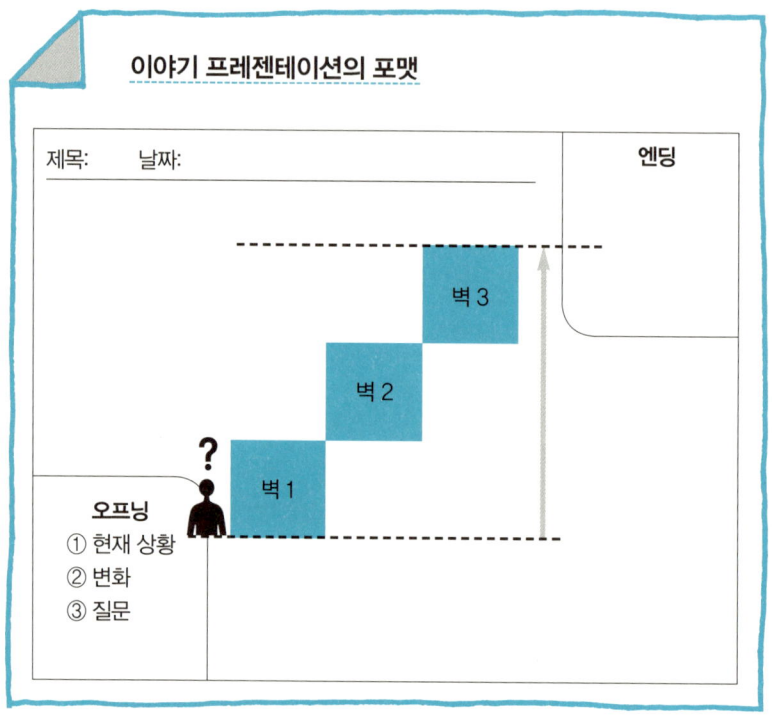

그 정해진 포맷이 무엇인지 지금부터 자세히 설명할 텐데, 먼저 156 페이지의 그림에서 이야기 프레젠테이션의 포맷을 보기 바란다. 이 포맷에 따라 작업하면 꼬박 하루가 걸렸던 프레젠테이션 준비를 한 시간 안에 마칠 수도 있다.

이야기 프레젠테이션의 포인트는 전부 다섯 가지이다.

① 스토리는 3막으로 구성된다.
② 오프닝과 엔딩을 명확히 한다.
③ 제2막에는 '세 개의 벽'을 준비한다.
④ 제1막에서는 '현재 상황', '변화', '질문'으로 상대를 사로잡는다.
⑤ 제3막에서는 하나의 메시지를 전한다.

그러면 각 포인트에 관해 살펴보자.

스토리는 3막으로 구성된다

첫 번째 포인트, 이야기는 주인공의 성공을 제1막→제2막→제3막으로 나누어 이야기를 전개한다.

　제1막 오프닝: 무엇이?
　제2막 메인: 어떻게 해서?
　제3막 엔딩: 어떻게 되었는가!

이것이 모든 프레젠테이션의 기본이다.
예를 들어 《토끼와 거북이》 이야기로 전개해보자.

제1막 토끼에게 느리다고 놀림받던 거북이가

제2막 토끼에게 달리기 경주를 제안한다. 경주 중에 한참 뒤처진 거북이를 본 토끼는 중간에 낮잠을 자고, 거북이는 토끼가 잠든 사이에도 부지런히 달린다.

제3막 잠든 토끼보다 거북이가 먼저 결승점에 도착한다.

이와 같이 이야기는 무엇이, 어떻게 해서, 어떻게 되었다는 3막으로 구성된다. 제1막(오프닝), 제2막(메인), 제3막(엔딩)이라는 3단계 구조가 모든 이야기의 바탕이 된다는 것을 기억하기 바란다.

오프닝과 엔딩,
무엇이 어떻게 되었는가를
정한다

그러면 제1막에서 제3막까지의 구조를 자세히 살펴보자.

먼저 생각해야 할 것은 제1막과 제3막이다.

앞에서 말했듯이 위치상 제1막은 오프닝, 제3막은 엔딩이다. 즉 시작과 끝이다.

  제1막 오프닝: 무엇이?
  제3막 엔딩: 어떻게 되었는가?

달리 말하면 이를 담아야 한다는 뜻이다. 요컨대 이야기는 '무엇이?,

어떻게 되었는가'를 명확히 하는 것에서 시작된다.

예를 들어 A라는 상품의 매출 상승에 대해 사내에 보고할 때도 마찬가지다.

무엇이?: 매출이 부진하던 상품 A가

어떻게 되었는가?: 매출이 전년 대비 200퍼센트 급상승했다.

이렇게 말하면 이야기가 성립된다. 그런데 이 오프닝과 엔딩이 명확하지 않은 탓에 핵심을 벗어난 프레젠테이션이 되는 경우가 많다. 그 전형적인 예가 '하고 싶은 말이 무엇인지 잘 모르겠다'는 말을 듣는 경우다. '무엇이?'는 있지만 '어떻게 되었는가?'라는 결론이 모호하거나 '무엇이?'에 대한 결론이 잘못되었기 때문이다.

한편 '무엇이?, 어떻게 되었는가?' 이 두 가지가 명확하면 듣는 이의 마음속에 '왜 그런 일이 일어났지?', '그걸 어떻게 실현했지?'라는 궁금증이 생기기 마련이다.

제1막
세 가지 요소로
상대를 사로잡는다

이야기의 오프닝인 제1막에 관해 더 자세히 살펴보자.

제1막에 필요한 것은 '무엇이?'라는 요소였다. 즉 이야기의 주인공을 설정하는 것이다. 주인공의 설정이란 애초에 누구를 위한 프레젠테이션인지를 명확히 하는 일이다. 주인공은 고객이나 거래처, 자신의 회사나 사원 등 자신이 프레젠테이션을 보여줄 상대이다. 그러므로 '이 프레젠테이션은 다른 클라이언트용으로 만든 것을 살짝 손봤구나', '이건 다른 회사에도 적용할 수 있는 전략 계획이군' 하고 느끼게 하는, 상대가 누구라도 상관없는 프레젠테이션은 강한 인상을 주지 못한다. 주인공이 없는 영화가 성립할 수 없듯, 주인공이 명확하지 않은 프레젠테이션은 위력이 반감된다.

그렇다면 어떻게 해야 오프닝에서 상대를 사로잡을 수 있을까?

다음의 세 가지 요소를 담으면 된다.

> 현재 상황: 주인공이 현재 놓인 상황
> 변화: 현재 상황에 변화를 가져올 사건이나 해결책
> 질문: 이야기의 전개를 단적으로 나타내는 한마디

여기에서는 《이상한 나라의 앨리스》를 예로 들어 설명하겠다.

> 현재 상황: 앨리스는 어른이 되는 데 막연한 불안감을 느끼고 있다.
> 변화: 어느 날, 기묘한 토끼가 나타난다. 앨리스는 토끼의 뒤를 쫓아가다 구멍에 빠진다.
> 질문: 구멍에 빠진 앨리스는 어떻게 되었을까?

이것이 오프닝이다. 평소와 다름없는 일상에 어느 날 변화가 나타난다. 이 변화를 계기로 이야기가 시작된다. 이야기의 출발은 언제나 '질문'이다. 누구나 질문을 들으면 질문의 답이 나오는 클라이맥스까지의 드라마를 보고 싶어 한다.

예를 들어,

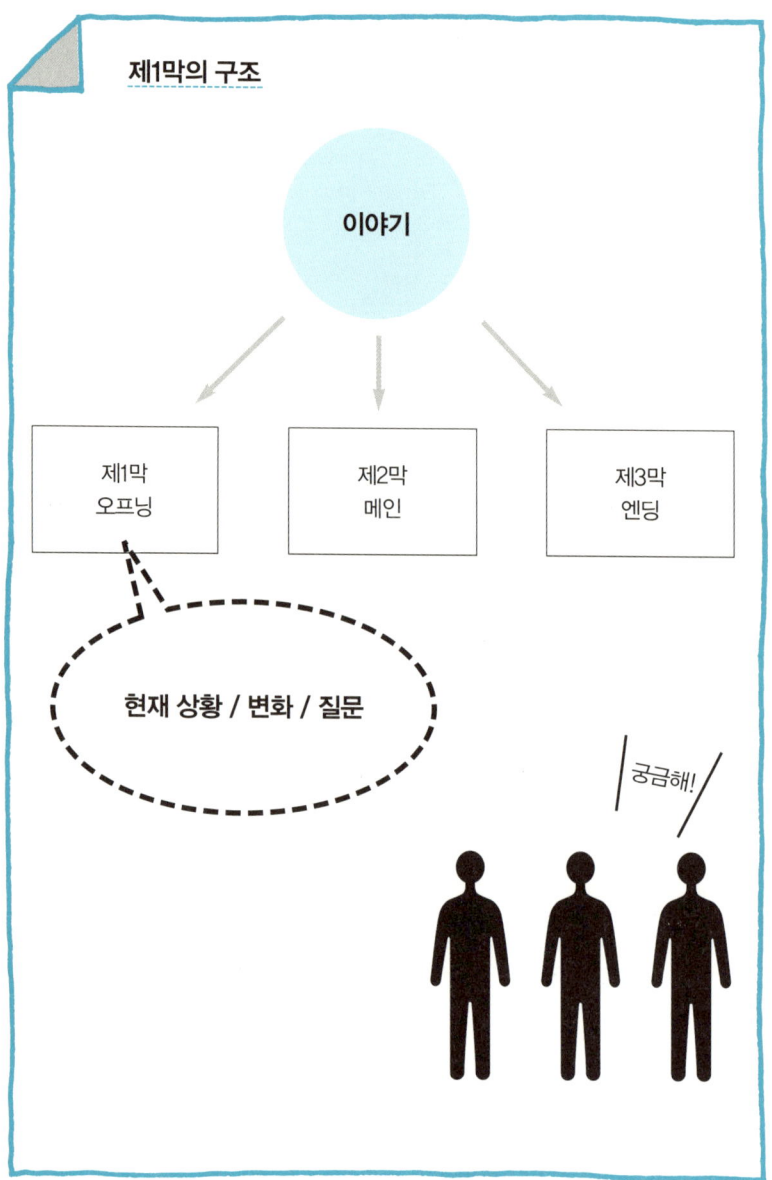

- 현재 상황: 이렇다 할 히트작을 내지 못하고 있는 게임 회사 A사
- 변화: 데뷔 이후 베스트셀러를 계속 내놓고 있는 유명 소설가가 신작 게임의 시나리오를 쓰게 되었다.
- 질문: 혼신을 다해 만든 이 작품으로 A사는 히트작을 탄생시킬 수 있을까?

이런 식으로 세 가지 요소를 이용해 상대를 사로잡는 이야기를 만들어낸다.

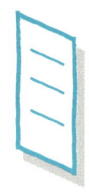

제2막
세 개의 계단을
준비한다

오프닝에서 상대를 충분히 사로잡았다면, 다음에는 스토리의 중요 부분인 제2막으로 들어간다.

앞에서 예로 든 《토끼와 거북이》로 다시 생각해보자.

제1막: 토끼에게 느리다고 놀림받던 거북이가

제2막: 토끼에게 달리기 경주를 제안한다. 경주 중에 한참 뒤처진 거북이를 본 토끼는 중간에 낮잠을 자고, 거북이는 토끼가 잠든 사이에도 부지런히 결승점을 향해 간다.

제3막: 잠든 토끼보다 거북이가 먼저 결승점에 도착한다.

여기에서 제2막은 다시 3단계로 나눌 수 있다.

① 자만하는 토끼에게 거북이가 달리기 경주를 제안한다.
② 경주 중에 토끼는 낮잠을 자고 거북이는 부지런히 결승점을 향해 간다.
③ 거북이가 먼저 결승점에 도착한다.

첫 번째 벽은 '도전', 두 번째 벽은 '승부', 세 번째 벽은 '끈기'이다. 이렇게 엔딩을 향해 가는 스토리의 계단을 준비해 하나씩 해결하며 올라간다.

먼저 거북이는 당당하게 토끼에게 경주를 제안하며 '도전'이라는 벽을 넘었다. 이어서 상대의 태도에 상관없이 경주에 임하며 '승부'라는 벽을 넘었다. 마지막으로 포기하지 않고 '끈기'라는 벽을 넘어 이상적인 상태, 즉 승부에 이기고 토끼가 자기의 자만을 후회하게 만들었다.

거북이가 포기하지 않고 달려 자만한 토끼와의 경주에서 이겼다.

이와 같이 마음속에 그리는 이상적인 모습(제3막)을 향해 현재의 벽(제2막)을 극복해나가는 것이 스토리의 기본 구조다.

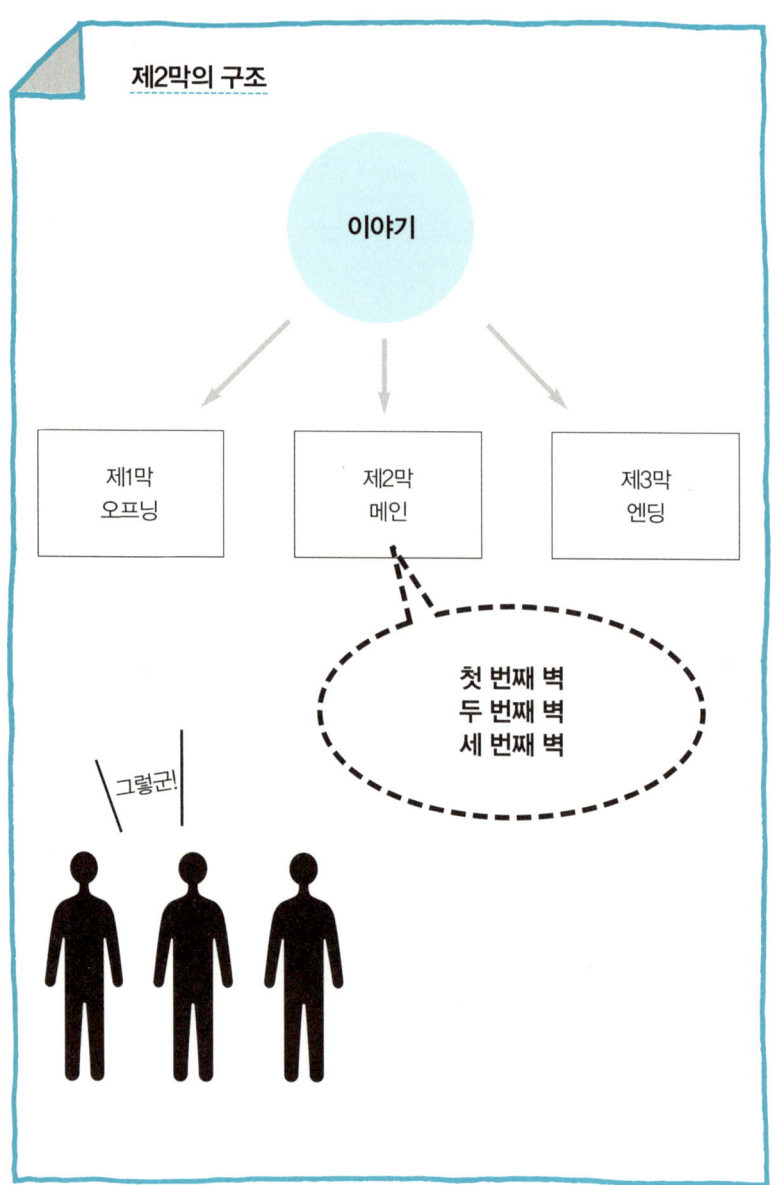

그러므로 매출 상승에 관한 것이든, 인재 육성에 관한 것이든 프레젠테이션에서 어떤 제안을 할 때는 제2막에 극복해야 할 벽을 설정하고, 그 벽을 넘기 위한 해결책을 제시한다.

예를 들면 이런 식이다.

제1막

신규 주점 체인에 밀려 이익이 급감하고 있는 개인 사업자가

제2막

① 첫 번째 벽: 고객 유치를 위한 마케팅 전략

'한 잔에 3,000원' 전략으로 고객 수를 늘려간다.

② 두 번째 벽: 원가율

매입 식자재의 유통 경로를 재검토해 매입 경로를 변경한다.

③ 세 번째 벽: 고객 수 확보

점포의 인테리어나 좌석 배치를 변경해 테이블 수를 늘린다.

제3막

매출을 20퍼센트 늘린다.

이렇게 주인공을 가로막는 벽을 이겨내는 3단계로 스토리의 골격을 만들어간다.

좋은 프레젠테이션은 한마디로 정리된다

이제 마지막 포인트이다. 마지막으로 기억해야 할 것은 '좋은 프레젠테이션은 한마디로 정리된다'는 사실이다. 이것저것 너무 많이 담은 나머지 "그러니까 요점이 뭔데?"라는 핀잔을 듣는 프레젠테이션보다 한마디만으로 "그렇군!"이라고 고개를 끄덕이게 할 수 있는 프레젠테이션을 하자.

이를 위해서는 앞장에서 논리적 사고의 세 가지 포맷을 설명할 때 소개한 '하나의 메시지'를 활용한다. "요컨대 이 프레젠테이션을 한마디로 정리하면 뭐요?"라는 질문을 받았을 때 바로 대답할 수 있는 한마디이다. 반드시 전하고자 하는 바를 딱 하나로 압축해 하나의 메시지로 만든다. 흔히 대히트를 기록한 영화는 줄거리를 한마디로 정리할 수 있다고 한다. 예를 들어 영화 〈죠스〉를 한마디로 정리하면 '상어가 미녀를 습격하는 영화'이다.

이야기 프레젠테이션에서는 위쪽에 주제와 '하나의 메시지'를 적어 넣는 공간이 있다. 3막으로 구성하고 제2막의 세 가지 벽에 관한 시나리오가 완성되었으면 그것을 하나의 메시지로 압축한다.

《토끼와 거북이》의 경우는 '거북이가 포기하지 않고 달려 자만한 토끼와의 경주에서 이겼다'가 하나의 메세지가 된다. '킬러 리딩'에서와 마찬가지로, 스토리를 하나의 메시지로 압축할 수 있으면 이야기 프레젠테이션을 ONE PAGE로 완성할 수 있다. 이 한 장만 있으면 간결하게 프레젠테이션을 할 수도 있으며, 파워포인트를 사용할 때도 순식간에 자료를 만들어낼 수 있다.

스토리는
S쪽지로 만든다

사실 지금까지 소개한 모든 과정은 제1장에서 설명한 S쪽지를 활용하면 단번에 진행할 수 있다.

- 누구의?
- 무엇이?
- 어떻게 해서?
- 어떻게 되었는가?
- 그러니까 결국 하고 싶은 말이 무엇인가?

S쪽지의 이 다섯 가지 요소를 채워나가면 제1막에서 제3막까지의 항목을 깔끔하게 정리할 수 있다.

아래에 '이야기 프레젠테이션'의 포맷을 다시 소개하니, 각각의 질문이 S쪽지의 요소 중 어느 것에 해당하는지 눈여겨보자.

누구의?=주인공

무엇이?=제1막

어떻게 해서?=제2막의 벽

어떻게 되었는가?=제3막

그러니까 결국 하고 싶은 말이 무엇인가?=제2막을 요약하는 하나의 메시지

S쪽지와 이야기 프레젠테이션의 관계는 175페이지의 그림과 같다. S쪽지를 바탕으로 제1막에서 제3막까지의 요소를 설정하면 이것이 이야기 프레젠테이션의 개요가 된다.

또 실제로 프레젠테이션을 할 때는 다음과 같이 하면 된다.

"이번 프레젠테이션에서 제가 전하고 싶은 바는 이 메시지 하나입니다. 현재 귀사의 상황은 ○○입니다. 이 상황을 이겨내고 이상적인 상황인 ××를 실현하려면 세 개의 벽을 넘어야 합니다.

첫 번째 벽은……입니다. 계획 1을 실행하면 이 벽을 넘을 수 있습니다.

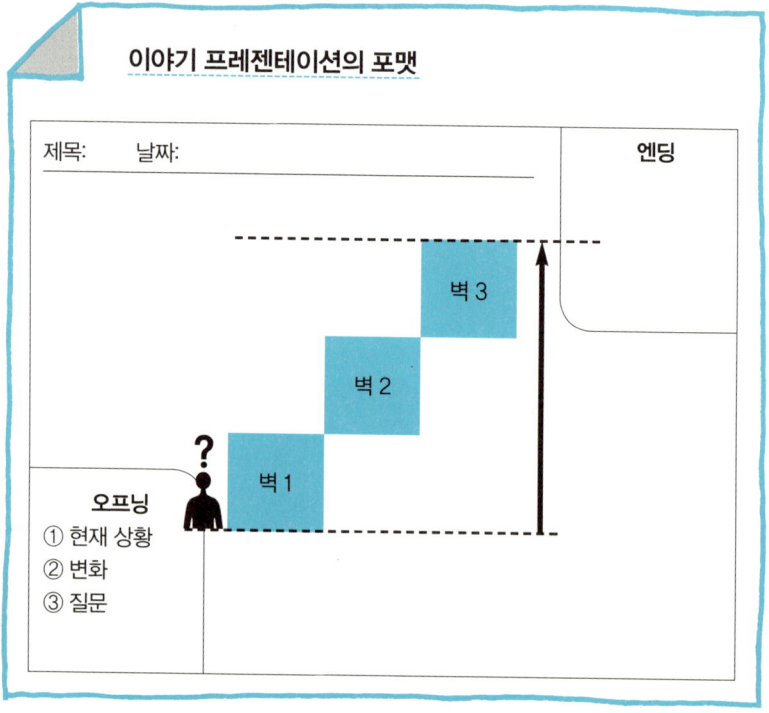

두 번째 벽은……입니다. 계획 2를 실행하면 이 벽을 넘을 수 있습니다.

세 번째 벽은……입니다. 계획 3을 실행하면 이 벽을 넘을 수 있습니다.

이에 따라 프레젠테이션의 결론으로 이 하나의 메시지를 제안합니다."

 실제 상황에서 이 프레젠테이션 방법을 적용하면 어떻게 되는지 사례 연구를 통해 살펴보자.

S쪽지와 이야기 프레젠테이션의 관계

제목: 다이어트하고 싶은 사람을 위한 입욕제				날짜:	
누구의?	무엇이?	어떻게 해서?	어떻게 되었는가?	요점은?	
👤	?	→	💡	!	

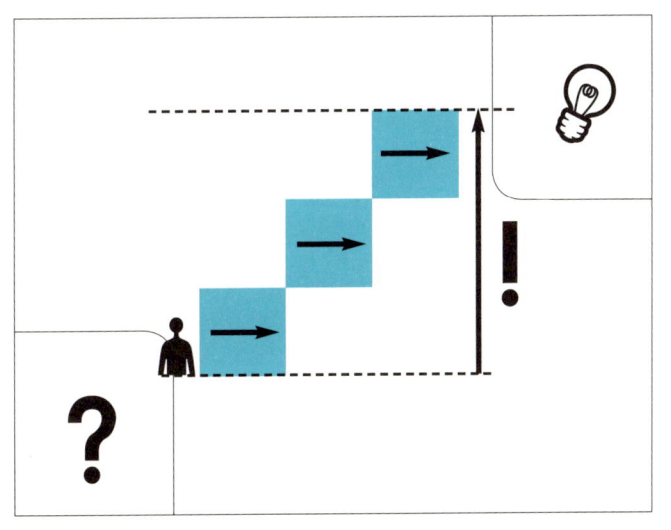

175

사람을 움직이는 이야기 프레젠테이션

사례 1
리조트 호텔의 신규 사업

여러분이 리조트 호텔의 신규 사업 개발을 담당하게 되었다. 이 호텔은 20~30대 여성들에게 인기가 있어서 여성 잡지의 여행 특집에 자주 소개되는 곳인데, 인기가 식기 전에 신규 사업을 개발해 수익을 늘리고자 한다. 그래서 호텔을 찾는 20~30대 여성 고객의 협조를 얻어 설문 조사와 인터뷰를 한 결과 '결혼하고 싶다'는 니즈가 크게 부각되었다. 이에 따라 여러분은 '리조트 호텔'과 '결혼'을 결합한 신규 사업의 프레젠테이션 자료를 만들게 되었다.

자, 무엇부터 시작해야 할까?

| 0단계: S쪽지를 만든다 |

먼저 S쪽지로 이야기의 가설을 만든다. 기준 시간은 3분.

- 누구의?: ○○호텔의 주 고객층인 20~30대 여성의
- 무엇이?: 결혼하고 싶지만 기회가 없다는 막연한 불안감이
- 어떻게 해서?: '결혼으로 이어지는 일곱 가지 습관'을 계기로 막연했던 결혼 이미지가 현실이 되어 결혼을 향한 첫발을 내딛게 되어
- 어떻게 되었는가?: 1년 동안 무려 100명의 여성이 〈리조트 브라이들〉을 통해 결혼했다.
- 요점은?: 결혼하고 싶은 20~30대 여성을 위한 '결혼으로 이어지는 일곱 가지 습관'을 제안한다. 여기에서 시작되는 결혼 이야기. ○○호텔이 연간 100명의 '리조트 브라이들'를 탄생시킨다.

이것으로 S쪽지가 완성되었다. 이것을 A4 용지의 왼쪽 윗부분에 붙여놓는다.

| 1단계: 제1막, 이야기의 오프닝 설계 |

제1막(오프닝), 제2막(메인의 세 가지 벽), 제3막(엔딩)의 박스 안을 채워나간다.

먼저 오프닝부터 시작하자.

오프닝에서는 '현재 상황'에 어떤 '변화'가 일어나고, 여기에서 비롯되는 '질문'을 해결하기 위해 이야기가 전개된다.

현재 상황: 결혼하고 싶지만 기회가 없는 20~30대 여성

변화: 어느 날 '결혼으로 이어지는 일곱 가지 습관'이라는 문구가 눈에 들어왔다.

질문: '결혼으로 이어지는 일곱 가지 습관'과의 만남으로 그녀들의 운명은 어떻게 변했을까?

이와 같은 형태로 오프닝을 설계했다.

흔히 "당사의 주 고객층인 20~30대 여성을 타깃으로 삼은 신규 사업 〈리조트 브라이들〉 계획을 설명해드리겠습니다. 제안할 내용은 세 가지입니다……"라는 식의 설명으로 프레젠테이션을 시작하는데, 이래서는 듣는 이를 사로잡을 수 없다. 그러므로 3단계를 통해 오프닝을 확실히 설계하자.

| 2단계: 제2막의 세 계단 |

이어서 제2막의 세 개의 계단을 만든다. 각 계단에서 무엇을 이야기하려 하는지 제목을 붙이자.

① 나의 결혼 욕구를 자극한 일곱 가지 습관 …… 기회

② 결혼은 R&B(리조트 브라이들)의 선율을 타고 찾아왔다 …… 결혼
③ 올해 탄생한 신부 100명의 신데렐라 스토리 …… 여운

그러면 각각의 내용을 살펴보자.

① '나의 결혼 욕구를 자극한 일곱 가지 습관'에서는 구체적으로 어떤 계획을 실행하며 그 결과 어떤 효과가 나타나는가.
실행 전략 1: 결혼으로 이어지는 일곱 가지 습관 만들기
- '나의 결혼 욕구를 자극한 것은 이것이었다'라는 여러 사람의 이야기를 모은다.
- 그중에서 '내 경우는 이런 습관을 시작한 것이 계기였다'라는 언론과 의견만을 골라낸 다음, 여기에서 '결혼으로 이어지는 일곱 가지 습관'을 추출한다.

실행 전략 2: '결혼으로 이어지는 일곱 가지 습관'을 키워드로 언론과 미디어 홍보
- '결혼으로 이어지는 일곱 가지 습관'을 키워드로 복합적인 미디어 홍보를 전개한다.
- 완성된 '결혼으로 이어지는 일곱 가지 습관'을 책으로 만들거나 웹사이트를 통해 공개한다.

실행 전략 3: '결혼으로 이어지는 일곱 가지 습관'이라는 주제로 타사와 제휴, 강연회 개최

· 또 여성지와 제휴해 '결혼으로 이어지는 일곱 가지 습관'이라는 주제로 정기 강연회를 연다. 이를 통해 '결혼으로 이어지는 일곱 가지 습관을 제안하는 리조트 호텔'이라는 포지션을 확보한다.

· 그 결과 20~30대 여성에게 '결혼으로 이어지는 일곱 가지 습관을 제안하는 리조트 호텔'로 널리 알려진다. 또 이와 동시에 '결혼으로 이어지는 일곱 가지 습관'을 실천하는 여성이 점점 늘어난다.

②, ③에 관해서도 역시 구체적인 행동과 그 결과 어떻게 될 것인지를 명확히 설명한다.

② '결혼은 R&B의 선율을 타고 찾아왔다'에서는 결혼을 향해 첫발을 내디딘 여성들이 R&B(리조트 브라이들)를 통해 연간 100쌍씩 결혼하기 위한 구체적 방안을 명확히 한다.

③ '올해 탄생한 신부 100명의 신데렐라 스토리'에서는 결혼한 100쌍 중 일부 고객의 결혼 이야기를 편집해 《100명의 신데렐라 스토리 2011》 등의 책으로 펴내거나 인터넷에 홍보하여 잠재 고객과의 접점을 만드는 구체적 방안과 그 결과를 명확히 제시한다.

3단계: 제3막, 엔딩의 설계

엔딩에서는 '그러니까 이 제안을 받고 무엇을 해야 하는가?', 즉 다음 단계를 명확히 밝힌다.

4단계: 파워포인트로 작성

이야기 프레젠테이션을 정리했으면 다음에는 파워포인트로 프레젠테이션 자료를 만드는데, 이것은 매우 간단하다. 먼저 슬라이드를 여섯 장 준비한다. 제1막 한 장, 제2막 세 장(각 벽당 한 장), 제3막 한 장, 그리고 전체 요약 한 장이다. 이것으로 프레젠테이션의 골격은 완성된다. 다음에는 여기에 살을 붙이기만 하면 된다. 즉 구체적인 방안과 성과 부분의 슬라이드를 만든다.

이렇게 하면 '이야기 프레젠테이션'이 완성된다.
간단하지 않은가?

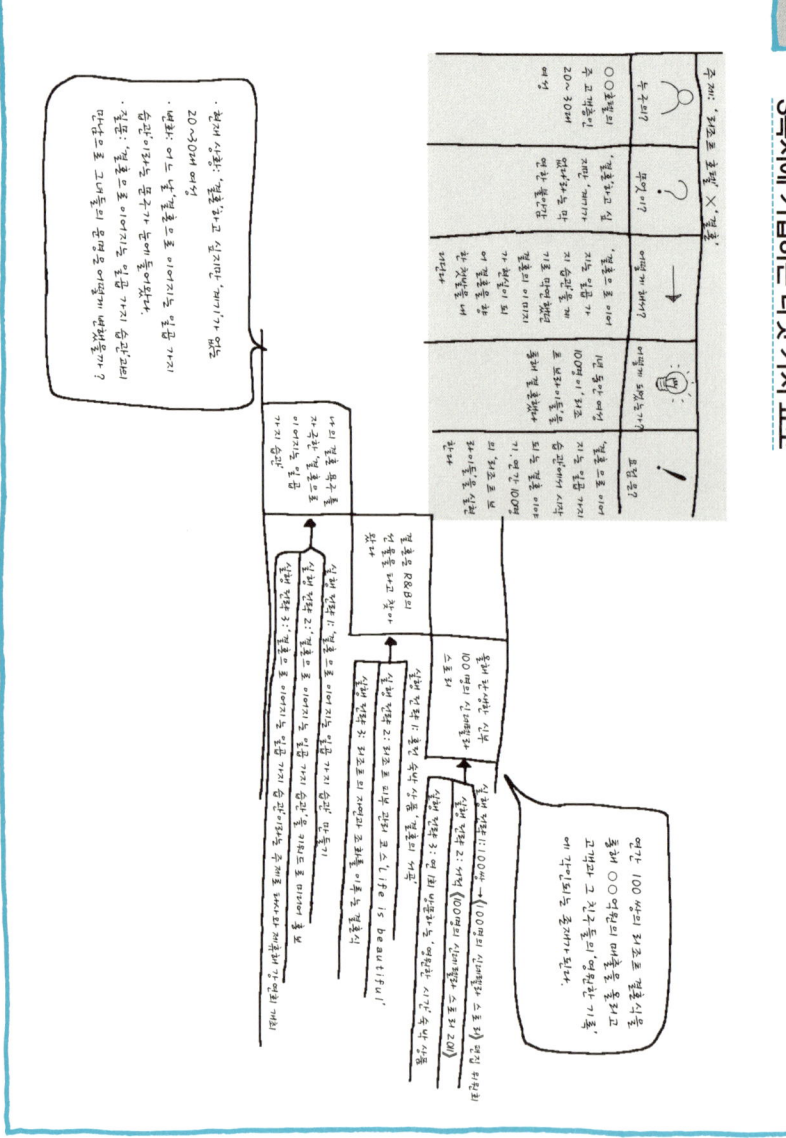

사례 2
리조트 호텔 재건 계획

사례 연구를 하나 더 살펴보자. 위기에 빠진 리조트 호텔에 재건 계획을 제안하게 된 여러분은 현재 상황에서 매출 30억 원 상승을 목표로 내걸고 피부 관리, 결혼식, 살롱이라는 3단계 사업 '천사들의 여행'을 기획했다.

먼저 제1막 '피부 관리 투어'의 개시가 첫 과제이다. 다음 페이지에 이 계획을 '이야기 프레젠테이션'으로 정리했으니, 이것을 보면서 여러분이라면 호텔 경영자와 종업원들을 상대로 어떻게 프레젠테이션을 할지 생각해보자.

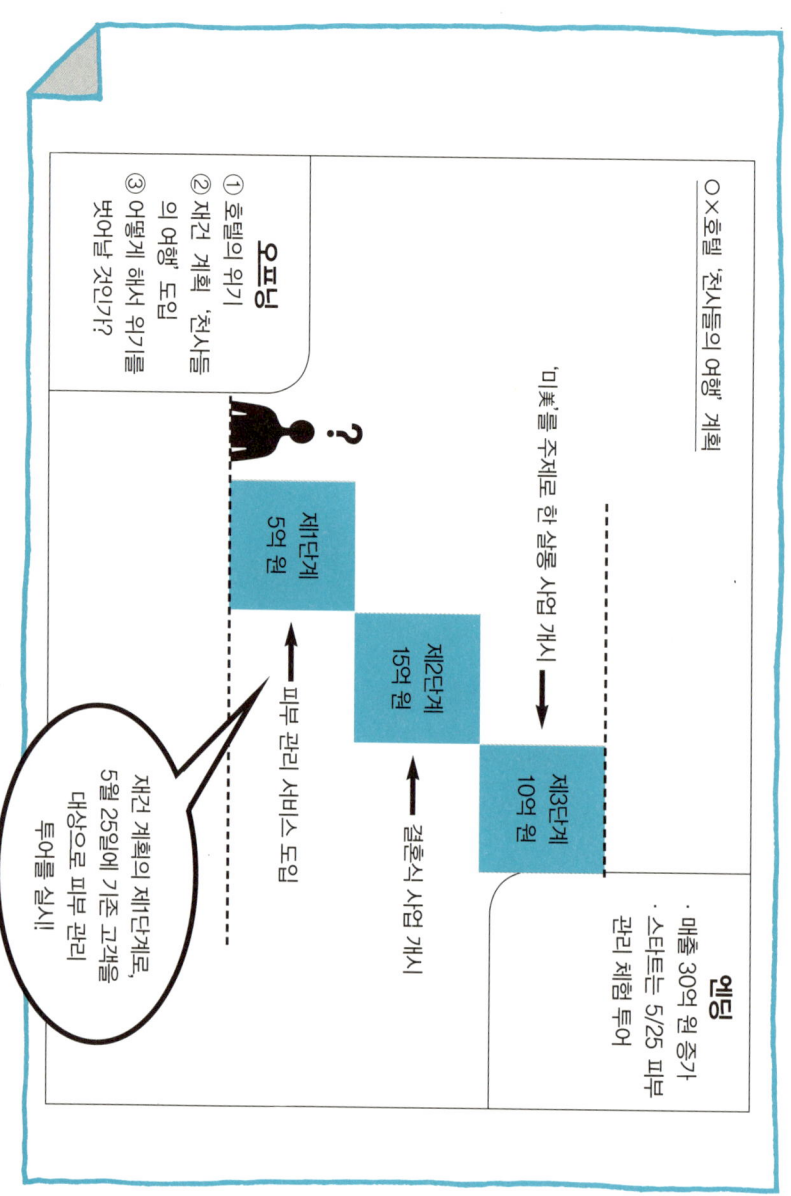

"이번에 제안할 것은 연간 매출 30억 원 증가 계획입니다. 귀사는 현재 위기에 봉착했습니다. 그래서 이 위기를 탈출하기 위한 재건 계획으로 '천사들의 여행'을 준비했습니다. 이를 통해 위기 상황에서 탈출해 새로운 성장 궤도에 진입할 수 있을 것입니다.

이 계획은 3단계로 진행합니다. 구체적으로는

- 1단계로 매출 5억 원을 창출합니다. 이 단계에는 피부 관리 서비스를 도입합니다. 구체적으로는……
- 2단계로 15억 원의 매출을 올립니다. 이 단계에서는 리조트 결혼식이라는 신규 사업을 시작합니다. 구체적으로는……
- 3단계로 10억 원의 매출을 올립니다. 이 단계에서는 리조트에서 '미美'를 주제로 한 살롱 사업을 시작합니다. 구체적으로는……

이상의 3단계를 통해 30억 원의 매출 증가를 달성합니다. 먼저 그 첫걸음으로 5월 25일에 기존의 고객을 대상으로 리조트 피부 관리 체험 투어를 실시합니다."

어떤가? 이렇게 이야기 프레젠테이션의 형태에 맞추면 매출을 어떻게 높일지 직감적으로 상상할 수 있다. 문장으로 설명하는 것보다 훨씬 강한 인상을 준다.

업무도, 인생도
단순해지면 쉽다

"기술은 이미 충분하니 중심이 흔들리지 않도록 조심해야 해. 사람은 감정이 과해지면 되면 중심이 흔들리거든. 기술은 충분하니까 먼저 한 가지라도 좋으니 간단한 것부터 실천해봐."

처음 스승에게 이 말을 들었을 때 나는 '드디어 해방이구나'라고 생각했다. 나는 그때까지 '언젠가 이 기술이 필요할지 몰라', '이거야말로 내게 부족한 기술이야'라고 생각하면서 MBA와 영어, 재무, 디자인, 자기 계발, 성공법 등 온갖 기술을 다 배우려 했다. 그러나 스승의 이 한마디로 기술을 추구하는 지루한 과정에 종지부를 찍었다. 기술과 정보 과잉에서 해방되어 '단순한 실천'에 눈을 뜬 순간이었다.

그리고 20대에서 30대에 걸쳐 나는 몇 명의 스승을 더 만났다. 그들은 아무리 복잡한 프로젝트라도 그 본질을 ONE PAGE로 정리했다. 복잡한 문제도 그들이 손을 대면 때로는 불과 10여 분, 길어도 1시간 이내에 단순한 형태로 정리되었다. 그 후 기업 현장으로 눈을 돌리자

도요타를 비롯해 도시바와 마쓰다, 매킨지 등 소위 잘나가는 기업은 이미 단 한 장에 업무를 정리하는 포맷을 활용하고 있다는 것을 알았다. 이러한 경험으로 내 마음속에서는 '모든 업무가 ONE PAGE로 정리되면 업무 효율이 얼마나 향상될까?'라는 문제의식이 싹텄다. 그리고 그 문제의식을 컨설팅 현장과 기업 연수 현장에서 끊임없이 되새기고 실험한 끝에 구체적인 형태로 만든 것이 '모든 업무를 ONE PAGE로 정리하는 포맷'이다.

복잡한 것이 단순해지면 모든 것은 원활히 돌아가기 시작한다. 원활히 돌아가면 우리 업무도, 인생도 점점 단순해진다. 무엇을 해야 할지 몰라 우왕좌왕하며 이것저것 손대기보다 단순하게 생각한다. 그리고 이를 위해 필요한 도구는 종이 한 장뿐이다.

마지막으로 이 책을 출판하기까지 많은 도움을 주신 분들에게 감사를 전하고 싶다. 스승님들은 단순한 본질을 추출하는 기술을 내게 가르쳐주셨다. 그리고 클라이언트 여러분의 수많은 요구가 있었기에 다양한 포맷이 만들어질 수 있었다. 이 책에서 소개한 것은 그 일부이다.

끝으로 이 책을 읽어주신 독자 여러분에게 진심으로 감사 인사를 전한다.

다카하시 마사후미